中国（深圳）
文化产业管理
系列

文化＋：
文化产业发展的
战略选择

王京生————著

海天出版社（中国·深圳）

目录

CONTENTS

一

文化＋：
文化产业发展的战略选择

深圳是一座以创新科技引领发展的年轻城市，从历史上看缺乏文化积淀。但随着文化与科技的深度融合，促进了各种文化要素、生产要素的频繁流动和聚集，从而迅速形成了以"文化 +"为特征的新兴产业集群，成为国内文化创意产业发展的先锋城市。

近年来，我国文化产业实现快速发展，产业规模持续扩大，对经济的贡献率明显提升，对就业的拉动作用不断增强。但在经济新常态、信息技术革命、市场需求井喷以及"大众创业、万众创新"等多重背景构成的文化产业发展新形势下，我国文化产业发展亟待实现新的突破，"文化 +"是新形势下我国文化产业发展的战略选择。

"文化 +"，是以文化为主体或核心元素的一种跨业态的融合，它代表的是一种新的文化经济形态，即充分发挥文化的作用，将文化创新创意成果深度融合于经济社会各领域，形成以文化为内生驱动力的产业发展新模式与新形态。"文化 +"的实质，是要实现内容、市场、资本、技术等关键要素在文化产业发展中的聚集、互动、融合和创新。

历史上的文化发展中没有明晰"文化 +"概念，但"文化 +"从来就是人类文化进步的重要形式之一。众所周知的例子，就是造纸术、印刷术对人类文化发展的极大推动。中国人在汉代所发明的造纸术，不仅使大量纸张替代了原来的简帛，改进了文字书写工具，而且随着印刷术的发明，一种新的信息交流媒介——印刷书应运而生。这两大发明极大地降低了文化生产和传播的成本，扩大和便利了知识教育传播的愿望和手段，"文化＋技术"由此成为人类文化发展的内在驱动力。

进入近现代以来，"文化＋"对文化发展的驱动更为明显。单就技术层面而言，19世纪以来陆续发明的电报、电话、电影、电视、照相机、留声机、传真机、录音机、摄像机、复印机、卫星通信、光纤电缆、计算机、互联网等，标志着人类迈入一个全新的信息技术时代，它一方面极大地便利了人类信息发布与知识交集，促进了信息产业的高度繁荣；另一方面依托金融资本和知识集中的资源优势，推动了文化的产业化、全球化进程，使文化产业形成日益发达的局面。

在今天，随着全球生产、贸易、服务、消费体系的迅速形成，包括文化在内的要素资源流动呈现不断加速之势。这种流动体现为两个基本特征：一是某一要素资源内部的流通（如全球资本市场），二是某一要素资源的跨域流动和相互渗透。在此背景下，各产业门类之间的界限变得日渐模糊，尤其随着高新科技的迅猛发展，产品与服务的生产与流通无不是以综合性、跨业态的形式出现，体现在文化产业上，就是"文化+"发展模式的日渐明晰。"文化+"一方面以前所未有的动能与活力驱动文化产业的更快发展，另一方面也决定了文化产业本身的市场竞争力。美国文化产品之所以风靡全球，固然有美国依托其超强的国家实力推销其文化产品和价值观念的因素，但美国本身的科技发展水平、金融创新能力及其与文化创意的高度融合，无疑是美国文化产品极具全球竞争力的重要原因。

芬兰学者汉娜尔·考维恩曾经考察商品与市场中的文化因素。她认为，商品的生产不但是与文化意义相连的，而且是有意识地相连。一方面，商品中的物质成分在知识的帮助下出售，另一方面，知识的出售又与物质实体相联系。[1]这是信息社会中的一种常态。

对于我国而言，自确立社会主义市场经济体制以来，尤其是以2000年党的十五届五中全会首次提出"完善文化产业政策，推动有关文化产业发展"为起点和标志，作为新兴的产业门类，文化产业获得了爆发式的发展。2004年，我国文化产业增加值仅为3440亿元，2014年已达24017亿元，占GDP的比重从2.15%提高到 3.77%，年均增速超过 20%，10 年增长了 6 倍，远高于同期 GDP 增速，正在向国民经济支柱性产业的方向迈进。

我国文化产业之所以获得快速的发展，其原因当然有很多，但"文化＋"跨业态融合无疑是其中重要的原因之一。而"文化＋"之所以成为可能，是因为我国文化体制改革的不断深化。一方面，通过改革传统的文化事业体制，推动了政企分开、政事分开、管办分离，实现了经营性文化事业单位的大规模"转企改制"，使其成为相对独立的市场主体，并逐步走向市场，不断增强竞争力；另一方面，通过颁发《关于深化文化体制改革的若干意见》《关于鼓励、支持和引导个体、私营等非公有制经济发展的若干意见》《关于非公有资本进入文化产业的若干决定》《关于文化领域引进外资的若干意见》等政策文件，放宽了非公有制经济市场准入门槛的条件，推动了民营文化经济的崛起。更重要的是，在深化文化体制改革过程中，改革本身不仅使文化市场主体可通过横向的市场资源配置获得新的发展动能与空间，而且促进了文化市场主体跨地区、跨行业、跨所有制发展，极大地推动了文化与科技、金融等的业态融合，成为文化产业迅速发展的最大内驱力。

以深圳为例，作为一个文化积累相对薄弱的新兴城市，深圳的文化创意产业近年来实现了爆发式的快速发展。2004 年，深圳文化创意产业增加值仅 197 亿元，占 GDP 的比重为 4.6%，2014 年文化创意产业增加值已达 1553 亿元，占 GDP 的比重提高到 9.7%，已成为与高新技术产业、金融业、物流业并列的四大支柱产业之一。10 年来，深圳文化创意产业增加值年平均增速达 23%，不仅形成了创意设计、文化软件、动漫游戏、新媒体及文化信息服务、数字出版、影视演艺、文化旅游、非物质文化遗产开发、高端印刷、高端工艺美术十大优势行业，而且充分发挥高科技城市、金融中心城市和滨海旅游城市特色，促进文化创意和设计服务等相关产业的融合，形成了"文化 + 科技""文化 + 旅游""文化 + 创意""文化 + 金融""文化 + 互联网""文化 + 电商"等产业发展新模式、新业态。

　　经过 30 多年的持续高速增长，中国目前经济总量已跃居全球第二，创造了世界经济奇迹。但受制于体量、人口、资源、环境、世界经济周期等多重因素影响，产能过剩、经济放缓、结构调整将是未来中国的经济新常态。在 2014 年 11 月举行的 APEC 峰会上，习近平总书记系统阐述了新常态的 3 个特点：速度——从高速增长转为中高速增长；结构——经济结构不断优化升级；动力——从要素驱动、投资驱动转向创新驱动；同时指出新常态带来的发展机遇：经济增速虽放缓，实际增量依然可观；经济增长更趋平稳，增长动力更多元；经济结构优化升级，发展前景更稳定；政府大力简政放权，市场活力进一步释放。与此同时，文化产业正面临着技术进步带来的机遇与挑战。从发展态势看，多媒体与电信技术的整合带来文化内容生产、发行和消费手段的一体化，技术进步带来的发行渠道数量增加和销售平台的发展，使人们对文化内容的需求日益增加、对文化产品的需求不断增长，并促进艺术和文化表现新形式的产生。新的通信技术带来不断变化的文化生产和消费模式。新一代消费者开始使用网络、移动电话、数字媒体等方式，文化体验的范围不断扩大，也将消费者从文化信息的被动接受者变成文化内容的积极创造者。今天，任何一个人都可能成为"产销者"，即交互式文化内容的生产者和消费者的结合。"产销者"的出现为文化产业发展提供新的生产和消费模式。

经济新常态与技术革命交汇，加上日益增长的市场需求，以及文化与创意的日益融合、"大众创业、万众创新"的时代呼唤等构成了我国文化产业发展的新形势。在新形势下，实施"文化+"，具有重要的战略意义。

第一，"文化+"是推动我国文化产业更快更好发展的必然要求

对我国文化产业发展而言，如果说过去10年实现了爆发式增长，那么其根本原因在于通过深化文化体制改革、解放和发展文化生产力所激发出的制度红利和文化能量。而这种体制改革所释放出的制度红利和文化能量，从"文化+"的角度来看，则是成功从传统文化业态过渡到跨业态发展的必然产物。事实上，20世纪八九十年代在文化市场合法地位确立的情况下，相比于近10年的爆发式发展，改革开放后20年我国文化产业虽获得了初步发展，但其发展速度是缓慢的，一个重要原因就在于它只是传统文化业态的单一化发展。其中的突出例子之一是演艺市场，受制于传统文艺体制的制度低效及其路径依赖，我国演艺市场长期以来处于缓慢发展的状态，甚至在某些年份出现了明显的市场萎缩。而随着文化体制改革的深化，在改革国有文艺院团的同时，由于放宽了非国有经济的市场准入门槛，民营

或跨所有制文艺院团开始崛起，并借助其灵活的投融资机制、高科技的制作方式和创新性的市场营销手段，即通过"文化＋"的跨业态发展实现了业绩的快速增长和演艺市场的极大拓展。2005年，我国艺术表演团体有2800多家，到2014年已达8700多家，演出收入从11.4亿元增加至75.7亿元，增长了5.6倍。

由传统业态的单一化到跨业态的多元化发展，"文化＋"在影视产业身上同样取得重大成果。在《关于非公有资本进入文化产业的若干决定》等政策文件的指引下，在国有影视制作机构之外，民营甚至外资文化资本开始大规模进入影视投资与生产领域，多元文化主体的共同参与以及文化、资本、科技等横向市场资源配置的交叉化、繁复化，推动中国影视产业迎来一个产量、规模意义上的繁荣期。如近年来中国电影总票房逐年攀升，2006年，中国电影票房收入仅为26.2亿元，2012年中国电影票房达到170.73亿元，成为全球第二大电影市场，到2014年已达296.4亿元，8年增长了10倍多。2015年上半年中国电影票房达到203.63亿元，预计全年票房将达到415亿元至430亿元。中国电影票房的狂飙突进，是"文化＋"实现内容、市场、技术、资本融合的典范。

可见，如果说"文化+"是过去10年文化产业爆发式增长的基本经验和主要原因，那么在未来，从战略高度强调和重视"文化+"跨业态发展模式，将是推动我国文化产业更快更好发展的必然要求。

第二，"文化+"是实现我国经济转型升级的重要途径

我国经济目前处于产能过剩、经济放缓、结构调整的新常态，转型升级压力日益加大。而要有效实现转型升级，通过实施"文化+"战略推动文化产业发展是其中的重要途径。

首先，文化产业具有优化结构、融合性强、可持续的独特优势，是朝阳产业、绿色产业，其发展有利于加快现代服务业发展和经济结构战略性调整。尤其它具有低碳经济的特点，是受资源环境瓶颈制约较小的新兴产业之一，不会随着资源枯竭而萎缩，不仅消耗低、污染小，而且能改变传统消费观念和生活方式，促进节约资源、保护环境，对资源环境约束趋紧的中国尤为重要和迫切。

其次，文化产业是现代服务业的重要组成部分，既

为生活服务又为生产服务，文化产业更快发展能迅速增加第三产业比重，抓住调整供给结构的突破口，从总供给方面进一步优化经济结构。正是凭借独特的产业价值链、快速的成长方式及广泛的渗透力、影响力和辐射力，文化产业不仅成为全球经济和现代产业发展的新亮点，也构成我国转型发展的重要方向。而"文化+"不仅铸造了一种新的产业模式和商业模式，更重要的是改变了人们的生活，改变着整个业态。如果各行各业都有"文化+"，那么我们的生活品质、社会品质、人的素质，都会有很大提高。

最后，更重要的是，文化产业具有天然的跨界融合特点和能力，其对传统产业文化内涵和品质的提升发挥积极作用，促进新兴产业门类和文化业态不断涌现，如三网融合带动文化产业链上众多行业发展，内容提供商、服务提供商、运营商及光纤通信设备制造商都将获益。事实上，文化产业爆发式增长的重要特征之一，就是在文化内容为王的基础上，与科技、金融、商业、旅游等融合发展，这既是文化产业外延扩展的重要体现，也是经济社会发展对文化提出的迫切要求。在这方面，深圳发挥高科技产业、金融业、创意设计业比较发达的优势，涌现出腾讯、华强文化科技、A8音乐、环球数码、华视传媒等一批以高新技术为依托、数字内容为主体、自主知识产权为核心的高成长型文化科技企业，"文化与科技紧密结合、创意与创新水乳交融"成为深圳文化产业发展的突出特征和重要标志，也为中国文化产业的发展探索出一条成功的道路。

第三，"文化+"是"大众创业、万众创新"的主要领域

中国经济目前面临前所未有的困难，不仅增长乏力，也对社会就业和社会稳定带来隐忧。因此，通过全面深化改革，激发全社会的创造力，也就成为中国永续发展的根本。正如国务院《关于发展众创空间推进大众创新创业的指导意见》指出的，加快实施创新驱动发展战略，适应和引领经济发展新常态，顺应网络时代"大众创业、万众创新"的新趋势，加快发展众创空间等新型创业服务平台，营造良好的创新创业生态环境，激发亿万群众创造活力，打造经济发展新引擎。

在此，我们认为，"文化+"与"互联网+"一样，是"大众创业、万众创新"中最重要的领域，是"主战场"，是大有可为的包容性非常大的领域，它使所有想

创业创新的人都可以在文化产业中找到自己的机会，展现自己的才华。文化产业生产体系一般包含 4 部分生产链：内容创意、生产输入、再生产和交易。创意是文化产业的灵魂，所谓创意无大小，更没有任何职业、年龄、学历的限制，只要创意符合社会需求，并能和文化以及各种业态相结合，推出受欢迎的产品，都可以得到充分展现。比如目前兴起的"创客运动"就是如此。所谓"创客"，就是利用开源硬件和软件把各种创意转变为现实的人。创客文化的兴起源于国外，近年来开始在国内日趋活跃，并形成了以北京、上海、深圳为三大中心的创客文化圈，深圳更以其完善的产业链而成为全球创客的天堂。创客本身所带来的产品不仅有着广阔的市场前景，对人们的生活带来很大改变，而且创客运动所引起的创新风潮将形成一种文化，深刻地改变人们的思维方式。

可以说，文化产业是"大众创业、万众创新"最好的舞台和最广阔的空间，几乎每个人都可以参与，文化和财富在这里相互转换，创业和创新在这里水乳交融，这正是这个时代的特点。一方面，就创业而言，文化知识、文化遗产、文化创意往往是创业取之不尽用之不竭的源泉，它俯拾皆是，只需要眼光和融入能力。不仅仅是专门的艺术家、理论家可以进行创业，即使是一般的民众，也能在丰厚的文化土壤里汲取养分，从而开始自己新的生活和工作历程。据统计，80%以上的文化产业产品来源于对文化知识的重新认识和生产化改造。以日本为例，1995年日本有610万人在文化产业就业，这在日本的所有产业就业中占约9.6%；在1990年至1995年间，文化产业的就业人数增长了5.3%，而日本总体产业只增长了3.6%。在东京，文化产业的就业占15.4%，这比日本的平均就业率9.6%高出很多。再看英国，1996年大约140万人在文化产业就业，比1991年增长了14%，相较而言总体就业只增长了3%。[2]由此可见，文化产业极富活力，能有力地推动创业就业。所以，只要主动去挖掘我们的文化资源，就可以投入"文化+"的创业。另一方面，就创新而言，它既包含着技术的创新，也包含着设计的创新、流程的创新、销售方式的创新，在这里一以贯之的就是文化。原来我们讲文化与科技是助力产业腾飞的鸟之两翼、车之两轮，而今天的很多新产品给我们的启迪是，文化与科技在其中高度融合、互为表里，贯穿于产品的研发、定型和市场。今天人们的消费习惯与往常相比，已发生很大变化。"丽莎·尤斯塔罗曾分析过文化的'市场满足'和市场的

'文化满足'。她由此看出了双向的发展：一方面，很明显，'高层'文化正变得日益商业化和日常化，另一方面，文化意义也侵入日常用品的生产之中。这两个过程是同时发生的，并且构成了后现代社会总体趋势的一部分。"[3] 这种创业和创新，从长远来看不仅可以催生新业态，解决文化产业发展问题，而且对中国传统文化传承也有巨大的推动作用。从这个意义上说，实施"文化＋"战略，将推动更多具有创业精神和创新意识的中小企业的蓬勃发展，促使科学家、工程师、画家、音乐家、设计师及其他社会人士加入文化产业的创意、创业和创新中来，进一步激发文化产业的创业活力和创新能量，文化产业将迎来全新的发展前景。

随着文化产业的爆发式增长和业态创新的齐头并进，业态融合在转变经济发展方式过程中的优势逐渐显现，也为加快推进"文化＋"创造了良好的条件、奠定了坚实的基础。其中，我国相关产业的快速融合发展，为"文化＋"的叠加效应提供了有力支撑，如"中国制造2025"等国家战略的提出以及电子信息、通信、软件、物流、金融、教育等相关产业的快速发展，为文化资源的开发提供了载体，为文化信息的传播提供了平台。腾讯、百度、阿里巴巴等从事互联网服务的企业，日益重视通过内容生产提升附加值和核心竞争力，并从原先的技术平台制造商、运营商和服务商，转变为包括内容制作、提供和集成在内的综合性文化科技型企业。阿里巴巴推出两期娱乐宝，收购文化中国并将其改名为阿里影业，进入影视制作、手游等领域；腾讯宣布将参与推出影视大片；百度也收购了网络视频运营商 PPS 的视频业务。

更重要的是，推动中国经济的跨业态融合发展已成为中央决策层的共识，国家各部委纷纷出台政策文件予以积极推进，为"文化＋"提供了良好的宏观政策环境。2012 年，国家六部委联合印发《国家文化科技创新工程纲要》，提出：加强文化科技创新，增强文化领域自主创新能力和文化产业核心竞争力，推动文化产业成为国民经济支柱性产业。2014 年，国务院发布了《关于推进文化创意和设计服务与相关产业融合发展的若干意见》，首次全面提出促进文化与实体经济深度融合，提出将文化创意设计与相关产业的融合推动作为加快文化产业发展最为重要的着力点。文化部、央行、财政部出台《关于深入推进文化金融合作的意见》，鼓励金融资本、社会资本、文化资源相结合。2015 年 7 月 1 日，国务院又发布了《关于积极推进"互联网＋"行动的指导意见》，指出加快推进"互联网+"发展，有利于重塑创新体系、激发创新活力、培育新兴业态和创新公共服务模式，对打造"大众创业、万众创新"和增加公共产品、公共服务"双引擎"，主动适应和引领经济发展新常态，形成经济发展新动能，实现中国经济提质增效升级具有重要意义。

近年来，我国文化产业在跨界融合等方面取得了积极进展，已具备加快推进"文化+"发展的坚实基础，但同时存在"文化+"融合意识有所偏差、"文化+"融合范围相对较窄、"文化+"融合模式略显单一、跨业态发展面临体制机制障碍、跨界融合型人才严重匮乏等问题，亟待加以解决。对照世界先进地区的文化及相关产业融合发展的经验，为加快推动"文化+"发展，我们提出如下总体思路：

按照十八大提出的"促进文化和科技融合，发展新型文化业态，提高文化产业规模化、集约化、专业化水平"为基本路径，进一步发挥文化创意和科技创新在文化产业发展中的主体支撑和带动引领作用，大力拓展文化与经济社会各领域融合的广度和深度，优化创新创意体系、激发创新创意活力，主动适应和引领经济发展新常态，形成经济发展新动能，更好地为经济结构调整、产业转型升级服务，为扩大国内需求、满足人民群众日益增长的物质文化生活需要服务。

结合"文化＋"的探索实践，根据"文化＋"融合发展对产业的创新模式、体制机制、政策环境、技术平台、人才培育等方面的现实需求，建议着力做好以下几方面工作：

（一）加强顶层设计，全面深化改革

形成宏观层面"文化＋"的顶层设计，界定符合文化及相关产业融合发展的合理范围，探索实施推动文化跨界融合的立法促进战略，完善相关法律制度，促进形成科学合理的文化市场格局。深入落实《国务院关于推进文化创意和设计服务与相关产业融合发展的若干意见》等文化产业融合相关政策，各地应根据本地区实际情况，加快制定相应的配套保障措施，要着力创新体制机制，综合运用产业、税收、财政、金融等手段，为文化与相关产业的有序融合和健康发展提供制度保障。深化文化体制改革，支持文化企业跨地区、跨行业、跨所有制经营。支持龙头企业、重点项目以创新创意为动力，不断提高研发生产和市场开拓能力。大力扶持中、小、微型文化企业，使其成为"文化＋"创新、创业的重要主体。进一步利用产业集聚效应引导传统文化产业与其他高科技产业、新兴媒体及创意设计产业有机结合。

（二）完善创新模式，催生融合引擎

在产业外延不断拓展和全产业链延伸的基础上，以科技进步和技术研发创新提升文化产品和文化服务附加值，加强商业模式、管理模式、运营模式、服务平台创新，推动文化产业发展模式从单一创新模式向综合创新生态体系延展。加强新兴业态的细化创新和特色文化产业的发展。保持产业的竞争力和持续发展能力，充分发展基于特色文化资源而形成的特色文化产业，不断在细分市场中探索新的业态和模式。更加注重推动文化在全产业链条上与制造业、金融业、建筑房地产业、软件业、休闲旅游业等其他产业的交融，培育更多文化新兴业态，催生更多产业发展的新引擎。

（三）升级市场体系，优化服务平台

完善"文化＋"综合服务平台建设，为不同的行业主体跨界融合提供必要的信息、技术、贸易和投融资服务，促进资源的合理配置，从整体上推动产业的良性发展和优化升级。进一步推动文博会、文交所、文化产业投资基金、对外文化贸易基地、文化和科技融合示范基地等国家级平台的升级发展，加快构建国家级文化产业综合服务体系。加大面向"文化＋"及相关产业的普惠性公共技术和服务等各类平台的建设力度，为融合产品的原创研发、创新技术应用提供便捷、有效、低成本的公共技术服务，提高研发等环节的文化含量。依托各类文化产业园区和基地，加快培育和支持发展文化创客空间，提倡和丰富创客文化，为各类人才加入文化创客行列提供最优的创意、创新、创业平台和良好条件，有效激发全社会的文化创造活力。注重加强知识产权保护平台的建设，完善政策措施，建立司法保护、行政执法、行业自律三结合的知识产权保护体系，强化完善文化行政执法与刑事司法相结合的管理机制，有力保障文化企业的合法权益不受侵害。

（四）扩大对外交流，增强竞争能力

文化制造能力和传播能力，影响着文化的流向，并将决定文化产品与服务在区域、国家和世界上的影响能力。在经济转型期，文化贸易的发展是扩大文化产品和服务的市场空间、促进文化产业升级的重要途径。要以全球化的视野推动对外文化贸易的开展，以经济手段和市场力量进一步带动中华文化走出去，提升国家软实力。不断增强企业的国际化经营能力，鼓励有条件的企业加快走出去的步伐，通过收购、控股、合作等方式，在境外设立文化企业和中介机构。熟悉掌握国际文化贸

易规则，通过交流、合作、贸易等方式，学习借鉴西方跨国文化集团的经营管理模式，在研发、生产、销售等方面提高国际化水平，参与全球资源和价值链整合。既要发挥一批大型集团的优势，突破一批关键技术、共用技术瓶颈，又要发挥中小企业的市场敏感性，开发新的文化产品贸易模式。加快文博会国际化、市场化、专业化发展步伐，建设好国家对外文化贸易基地，鼓励社会组织、中资机构等参与海外文化中心建设，承担人文交流项目。开展对外文化贸易创新试点，为文化企业提供更好的国际文化贸易服务和连接国内外市场的产品展示及交易机会。

（五）培养复合人才，加强制度保障

文化产业跨界融合将催生文化、传媒、管理、经济、艺术、科技等跨学科研究，为优化主要专业和交叉学科、新兴学科成长提供沃土。推动实施复合型人才扶持计划，加强文化创意复合型人才的需求分析与预测，探索建立面向未来的人才需求定期发布制度，健全符合创意和设计人才特点的使用、流动、评价和激励体系，编制复合型文化创意和设计服务人才培养专项规划。加大"产学研"合作教育、"双导师"制、学校与科研院所及企业联合培养力度，探索文理互通跨校联合、跨国交流等新型文化产业创新型人才培育模式。建立文化创意人才资质认证体系，形成人才培养和培训体系及人才流动、使用和管理制度，加强高端创意、文化金融、文化会展、市场运营管理等创新型、外向型、复合型文化人才的培养，优化人才结构和发展环境，形成人才聚集高地，推动创意阶层崛起，为我国文化产业发展提供强大的人才保障。

（本文刊载于 2015 年 8 月 15 日《中国文化报》）

参考文献

[1] 林拓，李惠斌，薛晓源. 世界文化产业发展前沿报告
  （2003～2004）[M]. 北京：社会科学文献出版社，
  2004：109.

[2] 林拓，李惠斌，薛晓源. 世界文化产业发展前沿报告
  （2003～2004）[M]. 北京：社会科学文献出版社，
  2004：214～217.

[3] 林拓，李惠斌，薛晓源. 世界文化产业发展前沿报告
  （2003～2004）[M]. 北京：社会科学文献出版社，
  2004：110.

二

经济新常态下文化产业
发展的机遇与路径

2008年国际金融危机爆发以来，全球经济增长乏力、政府债务危机加深、社会失业大量出现，世界进入一个新的经济周期，中国也出现了以产能过剩、经济放缓、结构调整为标志的经济新常态。在此背景下，文化产业凭借独特的产业价值链、快速的成长方式及广泛的渗透力、影响力和辐射力，不仅成为全球经济和现代产业发展的新亮点，也构成我国转型发展的重要方向。

一、产能过剩背景下文化产业发展的重大意义

进入后工业社会以来，西方发达国家的生产方式发生了巨大变化，随之崛起的文化产业成为满足社会文化需求的有效手段和经济发展的新增长点。尤其"后福特制"生产和消费方式的出现，以其满足个性化需求为目的、极具灵活弹性的生产模式，形成了与消费型社会的相契，实现了以制造为核心的产业形态向以服务与创新为主的新形式的转变，推动了文化产业的全球性兴起。而文化产业成为文化生产主导形态的根本原因，源于现代社会生产的某种本源性、结构性矛盾，这就是产能的相对过剩。

马克思在《共产党宣言》中说过，资产阶级在它不

到 100 年的统治中所创造的生产力，比过去一切时代创造的全部生产力还要多，还要大。二战后，大规模生产和消费的相互促进，使资本主义世界开始了 20 多年的经济增长的黄金期，一直困扰人类的物品匮乏问题得以解决。但同时，大规模生产也面临着因需求相对不足而导致的过剩危机。拓展全球市场并不断"制造"更多消费需求，在产能相对过剩和激烈市场竞争中维持、拓展竞争力，提供更具文化创意性和个性化的产品和服务，也就成为经济社会的发展趋势。

作为现代社会的高端产业形态，文化产业是经济社会发展与消费结构升级相互作用的结果，它不仅成为发达经济体转型升级的主导方向，也是促进经济滞后国家转型发展、增强文化竞争力的重要推手。对于我国而言，其发展的重大意义主要体现在：

第一，有利于经济结构的优化升级。文化产业具有优化结构、融合性强、低碳环保、可持续的独特优势，不仅能迅速增加第三产业比重从而优化经济结构，而且对传统产业文化内涵和品质的提升也发挥了积极作用，促进了新兴产业门类和文化业态的涌现。

第二，有利于推动创新型国家建设。文化产业天然具有创新驱动的特点，其产品的创新原动力影响到社会自主创新的氛围营造和能力提升；它以内容创新为实质，并以传播方式和媒介创新为载体，推动关联行业的技术进步和创新能力的提高。

第三，有利于维护国家文化主权、实现公民文化权利。发展文化产业已越来越显示出对于国家文化主权的重要意义，它成为世界文化资源和文化主导权争夺的主战场，决定一个国家的文化在全球化时代的地位和命运。同时，其快速增长创造了丰富多样的文化产品，提高了公共文化服务产品的供给能力，为公民文化权利的实现提供了可能。

二、经济新常态与文化产业发展的机遇

受制于体量、人口、资源、环境、世界经济周期等多重因素影响，产能过剩、经济放缓、结构调整将成为未来中国长期的经济新常态。习近平总书记指出中国经济新常态的三个特点，即：从高速增长转为中高速增长；经济结构不断优化升级；从要素驱动、投资驱动转向创新驱动。同时也指出其中的机遇：经济增速虽放缓，实际增量依然可观；经济增长更趋平稳，增长动力更多元；经济结构优化升级，发展前景更稳定；政府大

力简政放权，市场活力进一步释放。

在我们看来，新常态给中国经济带来的机遇，也是文化产业发展的机遇。

第一，提升"中国制造"的竞争力、消化过剩产能的战略目标，为文化产业发展提供了广阔空间。目前中国已成为全球最大的制造国和出口国，却处于全球价值链低端。要提升中国产品的质量与竞争力，积极调整经济结构，推动创意产业发展，增加产品和服务的文化附加值，将是极其重要的发展路向。同时实施"一带一路"战略推动产能输出，创意产业的发达与配套必不可少。

第二，新型城镇化为文化产业提供了全新发展平台。新型城镇化是以人为核心的城镇化。城镇不仅是经济发展体，更是文化共同体。文化产业能提高人的精神境界、生活质量和幸福指数，提升城市文化品位、创新活力，最终成就城市发展的一流质量。

第三，文化产业能进一步刺激社会消费，成为经济增长的新亮点。文化产业在国际金融危机以来对于刺激社会消费、推动经济增长发挥了重要作用，如高速增长的电影消费在金融危机后成为中国消费市场的新亮点，2015 年第一季度全国完成近百亿元的票房收入，预计全年票房将突破 400 亿元。

第四，新常态下的"大众创业、万众创新"，文化产业领域将成为其中的热土。国务院《关于发展众创空间推进大众创新创业的指导意见》指出，顺应网络时代"大众创业、万众创新"的新趋势，营造良好的创新创业生态环境，激发亿万群众创造活力，打造经济发展新引擎。随着更多具有创业精神和创新意识的中小企业的蓬勃发展，以及各类知识性专业人士加入文化产业的创意、创业和创新中来，文化产业发展将迎来全新的发展前景。

三、文化产业创新发展的路径

当前，全球文化产业发展呈现出以下特点：一是文化产业具有反经济周期的特性，经济繁荣带动了文化消费和产业结构升级，经济危机也蕴含着文化产业的重大机遇；二是科技是文化产业发展的催化剂，"文化 + 科技"拓展了文化产业的发展空间；三是品牌和集群化是核心竞争力，以品牌为核心的产业价值链构建，是文化产业规模化和快速发展的规律；四是文化贸易和保护成为国家新的战略资源和竞争力，国际化的生产方式加剧了对文化资源配置的争夺。

就我国而言，文化产业正迎来一个加快发展的黄金时期，面临着重大机遇和有利条件。而在新常态下，要有效发挥文化产业对于我国经济结构调整与创新发展中的促进作用，在发展思路上要以十八大提出的"促进文化和科技融合，发展新型文化业态，提高文化产业规模化、集约化、专业化水平"为指引，全面深化文化体制机制改革，进一步发挥文化创意和科技创新在国家转型发展中的支撑和带动作用，实现文化产业增长速度和质量效益有机统一、文化创意和科技创新双轮驱动、投资和消费共同拉动、资源和环境有效保护利用的可持续发展模式。

在路径选择上，则可从如下 7 个方面推动文化产业的创新发展和引领作用：

第一，优化资源配置，升级产业结构。引导资源向产业转型发展的重点领域、重点行业和重点企业配置，加快产业结构调整升级；提高创意研发的比重和水平，实现从主要依靠生产到依靠创意创新的投入；强化创意设计，加大新技术应用和工艺改造力度，推动传统文化企业的优化升级；加大对营销环节的投入力度，实现文化产业的全链条发展。

第二，加快业态融合，促进业态创新。不断推进文化和科技融合，发挥科技创新对文化产品内容的启发效应和对产品形式创新的带动作用；利用网络信息技术改造文化产品创作、生产、传播和消费等环节，加快"文化＋信息"融合发展；推动文化产业与制造业、建筑业、休闲旅游业等的交融，培育更多文化新兴业态。

第三，完善创新模式，推动综合创新。在产业外延不断拓展和全产业链延伸的基础上，以科技进步和技术研发创新提升文化产品和文化服务附加值，加强商业模式、管理模式、运营模式、服务平台创新，推动文化产业发展模式从单一创新模式向综合创新生态体系延展。

第四，全面深化改革，加大政策扶持。深化文化体制改革，支持企业跨地区、跨行业、跨所有制经营；支持龙头企业、重点项目以创新创意为动力，不断提高研发生产和市场开拓能力；大力扶持中小微型文化企业，使其成为创新、创业的重要主体；利用产业集聚效应引导传统文化产业与其他高科技产业、新兴媒体及创意设计产业有机结合。

第五，升级市场体系，优化服务平台。完善文化产品市场、要素市场、技术市场和资本市场建设，加快更多国家级文化产业服务平台、公共技术平台的建设力度，为原创产品研发、创新技术应用提供便捷、有效、低成本的服务；建立司法保护、行政执法、行业自律三结合的知识产权保护体系。

第六，扩大对外开放合作，推动中国文化走出去。依托"文博会"、国家对外文化贸易基地等平台，进一步扩大对外文化贸易，开展国家对外文化贸易创新试点，为文化企业提供更好的国际文化贸易服务和连接国内外市场的产品展示及交易机会；不断增强企业的国际化经营能力，提高对外贸易的竞争优势。

第七，实现人才聚集升级，推动创意阶层崛起。建立文化创意人才资质认证体系，形成人才培养和培训体系、人才流动、使用和管理制度，加强高端创意、文化金融、市场运营管理等创新型、外向型、复合型文化人才的培养，优化人才结构和发展环境，形成人才聚集高地，推动创意阶层崛起，为我国文化产业发展提供强大的人才保障。

（本文刊载于 2015 年 5 月 14 日《光明日报》）

三

文化产业与文化流动

多年来，人们一直热衷于谈论文化产业或创意产业，却较少关注文化产业与文化流动的关系。事实上，当"文化"和"工业"这两个本来看上去毫不相干，甚至相互对立的概念"混杂"在一起时，文化产业就展开了与文化流动的不了情。

马克斯·霍克海默、西奥多·阿道尔诺在 20 世纪40 年代发现"文化工业"时，他们意识到文化已经被资本收编，文化在商品化过程中已经失去了扮演批判手段的能力，成为资本主义意识形态的帮凶，心中充满对前工业时代文化生产的怀旧和依恋，因为真正的艺术所拥有的自主性、原创性和批判能力已经被扼杀在产品与效果的标准化之中。满怀批判意识的法兰克福学派先贤，从一个悲观的角度指出了一个不可抗拒的文化工业时代的来临，文化流动的方式将会发生重大改变。

"文化产业"就是作为复数的"文化工业"，饱受争议，却越来越得到学者、社会和各国政府的认同。20 世纪 70 年代至 80 年代，阿道尔诺和本雅明关于"文化工业"的观点差异及其引起的对大众文化的激烈争论，已经在理论和实践上被超越。英国开始寻求用文化重新定义老的商业产业，并在城市复兴中，通过实用艺术的实践将产业置于文化的指导之下，通过集群战略的实施把文化置于产业的指导之下。

20世纪80年代，文化在西方发达国家已经被视为整个社会经济政策的一部分，被马克斯·霍克海默和西奥多·阿道尔诺赋予否定性色彩的"文化产业"开始获得新的、积极的意义。联合国教科文组织对文化产业做出定义，并在1980年召开的蒙特利尔专家会议上对文化产业产生的条件进行说明。随着经济的快速发展，在西方发达国家，文化产业已经从理论争论走向实践。

20世纪90年代，西方发达国家开始着重关注文化发展对城市的经济影响的现实，思考文化如何作为一种积极的经济力量重展城市的雄风。欧洲国家进一步重视"文化产品"，并将其转化为新的经济资本。文化产业开始快速发展，文化产业的学理性论争逐渐被强大的文化产业发展的现实带来的震撼和惊叹所取代。

历史进入21世纪，文化产业在国际上被称为"经济黑马"，相对于经济整体发展水平，文化产业取得更加快速的发展。各国和一些国际组织纷纷制定和调整文化产业发展战略，文化产业在全球范围内获得政府和业界的重视。

文化产业的突飞猛进对文化的流动产生了前所未有的、复杂的、深刻的影响，文化产业在一定程度上已经成为现代社会中文化流动的基本形式。

最直接的表现是，文化产业使文化流动的速度和规模实现质的跃升，文化生产的要素在资本的纽带中以前所未有的速度聚集和流转，文化产品的规模化生产和批量销售使文化传播的速度和效率全面提升。季羡林先生所说的"文化一旦产生，立即向外扩散"，在文化产业时代成为真正的现实。

深层次的影响是，文化产业让文化艺术与经济相遇，在相当程度上和大范围地打破了精英文化与大众文化的界限，使大众文化、消费文化和文化的商业化成为当代文化的几乎最重要的表现形式。

更深刻的影响在于，文化产业从根本上改变了文化的取向和发展路线图。由于文化产业增长的最基本动力来自技术和经济，内容和创意强烈地受到技术条件和市场机制的调控，并在相当程度上退居二线。因为，文化产业的运行逻辑是，"市场机制可以生产出高品质的艺术，甚至有可能是最高品质的艺术"，布鲁诺·费莱在《当艺术遇上经济》一书中就是这么认为的。

当注意到我们理解文化已经由美学传统、人类学传统演进到工业和商业传统，工业社会中文化像其他任何产业一样都服从于一种力量——消费者需求时，沙利尼·文特雷利教授认为这是工业经济学和传统的自由经济学的基本假设出了问题，因为在他们看来，创意、思想和文化产品在任何时候表现出来的特征都可以很简单地解释为消费需求的一个要素。但这就是文化产业时代文化流动的现实。

文化产业与全球化的合流，也使文化的流动不得不面对另一种现实。正如联合国教科文组织所意识的，全球化时代的文化流动基本上通过媒体、传播网络和商业途径输送，由越来越大量的文化商品、服务和通信构成。

> 这种文化交流一般是沿着一条主要是南向—北向的轴线运行的，但是强大的新型经济体的崛起（尤其是"金砖四国"即巴西、俄罗斯、印度和中国）正在使这些流动变得多样化或者转变其流向。[1]

大卫·赫斯蒙德夫教授在《文化产业》一书中也指出了国际文化流动的复杂性，他认为国际传播并没有真正的民主。

> 几乎没有证据能够表明，在长期由北向南流动的同时，文化和经济资源正从南向北传输。那些支配拉丁美洲电视市场的公司并不能替代在全球随处可见的电视支配模式。[2]

这一现象说明，文化产业的实力与文化流动的能力正相关。文化产业所代表的文化制造能力和传播能力，影响着文化的流向，并将决定一个民族或国家在世界上的影响能力。

全球化浪潮席卷而来。全球化如同历史上任何一次时代格局的大变动一样，再次带来文化的扩张、侵略和融合的浪潮。本国文化产业的发达与否，决定着在这场文化"战争"中角逐的输赢。发达国家对此是深有认识并大加利用的。文化产业发展被当成重要的国家发展战略，发达国家凭借其雄厚的文化产业，大肆向全球倾销其文化产品的同时，也就是在推广自身的价值观念和生活方式，推广自己的文化。

例如，通过教育和文化交流、大众媒介传播及大规模的文化产品输出，拓展美国价值观是美国维持其强大国际地位的重要手段。正如马修·弗雷泽在《软实力：美国电影、流行乐、电视和快餐的全球统治》一书中所指出，美国在世界的领导地位必须依靠美国生活方式、文化、娱乐方式、规范和价值观对全球的吸引力来维护。其中包括以电影展示实力和魅力，通过电视建构全球性帝国的乐土，借助音乐特别是流行音乐走向世界，以及实现可口可乐的殖民化和麦当劳统治。塑造美国人英雄形象的好莱坞大片就是最好的例子。

从目前西方文化日益成为主导的现实来看，这种推广的力量已经远远大于历史上十字军东征的血腥屠戮和亚历山大王的强迫移植，而其对国家民族乃至全人类的影响则将在不见硝烟、潜移默化中更加长远而深刻。

全球化时代文化产业所推动的文化流动，正在使国际范围内文化生产与文化权力的关系变得日益复杂。悲观的文化帝国主义理论的低声叹息与乐观的后殖民主义理论的满怀希望之间谁是谁非，世界文化的新秩序能否形成，文化产业在其中终究会扮演什么样的角色，这些问题都需要进一步地观察。

但很明确的一点是，一个民族或国家只有具有领先世界的文化产业，才能具备与世界发达文明进行对话的资格与能力。对于一个城市来说也是如此，现代城市的文化竞争，在某种意义上就是文化产业的竞争，谁能代表先进文化的前进方向，谁能使其文化影响更广大的群众，往往就看谁的文化产业更发达。在制定未来的城市文化战略时，必须把文化产业作为一项重要的战略选择，没有产业化的文化运作所带来的推动力量和影响力，文化的大规模流动与扩张是不可能的。

法国第五大学教授尚－皮耶·瓦尼耶在《文化全球化》一书中的一段话具有这方面的警醒作用。他说：

> 我们可以清楚地认知到，文化霸权及私人企业对文化产业所进行的结构式支配，所涉及的是各国生产自己文化的能力，以及在面对外部文化商品的进击与某些文化商品选项式的入侵时，能持续保有这项生产能力。其结果是没有任何政党、国家、地方社群能对文化工业化置之度外；且各个层级的政治社群与全球各地皆须重视文化政策的问题。[3]

参考文献

[1] 巴黎联合国教育、科学及文化组织. 联合国教科文组织世界报告：着力文化多样性与文化间对话[R]. 2010：14.

[2] 大卫·赫斯蒙德夫. 文化产业[M]. 张菲娜，译. 北京：中国人民大学出版社，2007：217～218.

[3] 尚-皮耶·瓦尼耶. 文化全球化[M]. 吴锡德，译. 台北：台北麦田出版股份有限公司，2003：92.

四

打造文化产业
升级版的思考

"文化与科技紧密结合、创意与创新水乳交融"成为深圳文化产业发展的突出特征和重要标志。

党的十八大从国家战略高度明确提出：推动文化产业快速发展，促进文化和科技融合，发展新型文化业态，提高文化产业规模化、集约化、专业化水平。大力发展文化产业是当前我国经济结构战略性调整的重要支点和转变经济发展方式的重要着力点，更是提升国家文化软实力、实现中国梦的题中应有之义。近年来，随着文化体制改革的不断推进，我国文化产业呈现出朝气蓬勃的新局面，整体规模和实力有了明显提升，产业模式不断创新，逐步成为新的经济增长点，大力提升了中华文化的创造力和世界影响力。深圳是我国文化产业发展的样本城市，在国内外日益激烈的竞争态势中，如何适应新的发展阶段要求，对文化产业进行深入研究并寻求新的发展路径，努力打造文化产业升级版，当好全国文化改革发展领头羊，实现习近平总书记视察深圳时提出的总体目标，是今后一段时期深圳文化产业跨越发展的重要课题。

一、打造文化产业升级版的重大意义

从国际产业发展规律和格局来看，文化产业凭借独特的产业价值链、快速的成长方式，以及广泛的渗透力、影响力和辐射力，成为全球经济和现代产业发展的新亮点，成为衡量一个国家和城市核心竞争力的重要标志。

（一）从产业自身发展规律看，打造文化产业升级版是文化产业发展进入新阶段的必然选择

在世界经济史的视野中，人类的经济活动是沿着农业到工业，再到服务业、信息业这样的轨迹演进的，体现了产业"软化"的发展趋势。文化产业作为现代社会的一种高端产业形态，是产业自身演进的产物，是经济社会发展与消费结构升级相互作用的结果。这里我们简要回顾一下"文化产业"在世界兴起的基本历程。"文化产业"一词由德国法兰克福学派代表人物之一的本雅明在1926年《机械复制时代的艺术》一书中首创，但当时并未引起人们足够重视。20世纪40年代，法兰克福学派另两位学者海默和阿多诺在《启蒙辩证法》中第一次正式使用"文化产业"概念替代"大众文化"。其后，这一概念在西方各国学者们的争论中迅速传播，逐

渐被人们所接受。90年代，美国将文化产业视为"可商品化的信息内容产品业"，并用"版权产业"来说明文化产业状况。在经济与文化的互动中逐渐出现了新经济——创意经济，90年代英国率先将"创造性"概念引入文化政策文件，1998年在《英国创意产业路径文件》中提出"创意产业"概念，后来美国、日本等发达国家也提出了类似的产业概念。创意产业是新型的文化产业形态，是文化产业发展到一定阶段的必然产物，逐渐成为发达国家经济转型升级的主导方向。在世界七大发达工业国中，半数就业人口从事创意产业，且增速比传统服务业快两倍、比制造业快四倍；美国影视作品已超过航天业成为第一大出口门类；英国创意产业已成为国民经济第二大支柱产业；日本创意产业成为仅次于制造业的第二大产业。"资本和技术主宰一切的时代已经过去，创意的时代已经来临"。这是今天美国从硅谷到华尔街的流行语。

同一时期，我国也高度重视文化产业的发展。1992年，国务院办公厅编著的《重大战略决策——加快发展第三产业》一书，首次使用了"文化产业"这一概念。1998年，文化部设立了文化产业司，标志着国家正式将文化产业纳入政府工作体系。2000年，党的十五届五中全会强调完善文化产业政策，推动有关文化产业发展，这是中央首次提出"文化产业"概念。2002年，十六大把文化区分为文化事业和文化产业，强调一手抓公益性文化事业，一手抓经营性文化产业。2007年，十七大从增强国家文化软实力、推动文化大发展大繁荣的战略高度，强调大力发展文化产业。2012年，十八大将文化实力和竞争力作为国家富强、民族振兴的重要标志，强调推动文化产业快速发展，推进社会主义文化强国建设。我国文化产业经历10多年的孕育、形成和发展，目前逐步转变为爆发式增长，文化产业增加值年均增速超过20%，远高于同期GDP增速，2012年文化产业增加值占GDP的3.48%，正向国民经济支柱性产业的方向迈进。

在文化产业的上升周期中，要把快速增长的量能转化为质量提升的势能，始终保持可持续发展，产业转型升级势在必行。从总体上判断，文化产业发展目前面临两个瓶颈：一是在当前我国文化产业由形成期向快速增长期发展的转型时期，产业内的各个细分行业已经或正在经历各自发展的黄金阶段，不同行业的生命周期发生了变化，有的如以移动媒体为代表的新媒体仍处在高速成长期；有的如影视业等已进入成熟期；少数传统文化行业如不及时进行技术改造和商业模式的提升，就会步入衰退期。爆发式增长所带来的惯性高速度后，产业增长速度可能会逐渐回落，单纯依靠扩大投资规模带动的发展模式已不能适应文化产业新的发展阶段，必须积极探索新的发展模式和路径。二是虽然文化产业发展速度很快，但文化产业结构问题日渐凸显出来，产业发展过程中的同质化、泡沫化、恶性竞争等乱象时有发生。同时，很多行业属于低端和非核心的层次，看起来产出不少，但资源消耗大、附加值不高，需要进一步转型升级和逐步优化。

（二）从国家发展战略层面看，打造文化产业升级版是构建中国经济升级版的重要内容

打造经济升级版需要以新型城镇化释放内需潜力，以创新驱动提升经济质量效益，以优化经济结构推动可持续发展。这些都与文化产业息息相关，文化产业附加值高、潜力无限的独特优势和特点，使其成为打造中国经济升级版的重要路径和突破口。

一是打造文化产业升级版提供了新型城镇化的重要途径。新型城镇化是以人为核心的城镇化，关键是提高城镇化质量。芒福德曾说："城市是文化的容器。"城市不仅是经济的发展体，更是文化的共同体，文化建设是

城市化发展的灵魂。文化产业是生产内容产品、创造精神财富的产业，不仅直接贡献于经济增长，而且在提升发展质量中发挥越来越重要的作用，能够提高人的精神境界、生活质量和幸福指数，提升城市文化品位、创新活力和影响力，缓解社会矛盾、促进社会和谐，这是人的城镇化、现代化的根本要义和重要保障。文化能够赋予城市高尚的生活品质，文化产业升级能够促进城市发展具有更多文化含量，使经济社会发展进入更高层次、更高水平，最终成就城市发展的一流质量。

二是打造文化产业升级版有利于推动创新型国家建设。打造中国经济升级版必须加快提高自主创新能力，推动经济发展从资源要素驱动转向创新驱动的轨道，在稳增长中提高发展质量和效益。文化产业天然具有创新驱动的特点和功能，在建设创新型国家中具有不可替代的重要作用：文化产品的生产经营消费，实际上是文化观念、理念和价值观的传递，文化产业具有创新原动力，进而影响到整个社会自主创新的氛围营造和能力提升；文化产业以内容创新为实质，人们的文化需求在不断变化，打造文化产业升级版要求文化企业必须不断推陈出新，形成自身的核心竞争力；文化产业以传播方式和媒介创新为载体，文化产业升级将使文化企业获得不断增长的利润空间和消费群体，并推动着关联行业的技术进步和创新能力的提高。

三是打造文化产业升级版加速了经济结构的优化升级。文化产业具有优化结构、融合性强、可持续的独特优势，是朝阳产业、绿色产业，其转型升级有利于加快现代服务业发展和经济结构战略性调整。文化产业是现代服务业的重要组成部分，既为生活服务又为生产服务，文化产业升级能迅速增加第三产业比重，抓住调整供给结构的突破口，从总供给方面进一步优化经济结构。文化产业具有产业融合的特点，其转型升级对传统产业文化内涵和品质的提升发挥积极作用，促进新兴产业门类和文化业态不断涌现，如三网融合带动文化产业链上众多行业发展，内容提供商、服务提供商、运营商及光纤通信设备制造商都将获益。文化产业具有低碳经济的特点，是受资源环境瓶颈制约较小的新兴产业之一，不会随着资源枯竭而萎缩，不仅消耗低、污染小，而且能改变传统消费观念和生活方式，促进节约资源、保护环境，对资源环境约束趋紧的中国尤为重要和迫切。

（三）从全球发展视野看，打造文化产业升级版是维护国家文化主权、实现公民文化权利的重大使命

其一，所有的大国崛起都不只是经济物质层面的崛起，更根本的是文化精神层面的崛起。中国作为大国的崛起，不仅是经济上的强大，更应是作为具有五千年历史文明大国理念的建构。中国和平崛起本质上是一种文化崛起，是中华民族的文化复兴，民族伟大复兴的"中国梦"中包含有一个强大的"文化梦"。在这个意义上，如同历史上，中国所创造的中华文明在世界范围内发扬光大，今天的"中国思考"也应当能够成为世界思想知识体系的重要成分。中国不仅是一个经济产品的制造大国，也应是世界思想知识产品的生产大国。当今，发展文化产业已不仅仅是出于满足本国文化经济发展的需要，而越来越显示出对于国家文化主权的重要意义。文化产业成为世界文化资源和文化主导权争夺的主战场，决定一个国家的文化在全球化时代的地位和命运，发展文化产业成为全球化时代维护国家文化主权的应有之义，成为中国和平崛起的必然战略选择。环顾当今国际文化产业格局，仍然是西方文化的强势主导，据统计，国际文化市场构成美国43%、欧盟34%、日本10%，而中国则不足4%；文化产业对国民经济贡献，美国占

GDP 的 25%，日本和英国都超过 15%，而中国不到 4%。文化产业肩负着重大的历史使命，中国和平崛起和文化复兴不能没有文化产业的快速发展和转型升级，以及所代表的民族文化创造力和影响力的提升。在某种意义上，文化产业的发展程度决定了文化软实力能否形成全球性的影响、有效维护国家文化主权，文化产业能否转型升级，决定了中国和平崛起和文化复兴能否得到最终实现。

其二，作为公民的一种基本权利，文化权利与政治权利、经济权利处于同等重要地位，并不是可有可无和可多可少的东西，而是公民必须得到保障的重要权利。与经济权利、政治权利相比，文化权利是更高层次的权利，具有其他权利不可替代的价值，是人类历史发展的产物和人类文明进步的体现。文化权利的这一重大意义已经得到了全球各国的公认。公民文化权利的实现问题之所以被提到如此重要的位置来加以强调，有一个重要原因就是知识经济时代人的知识、创意能力受到尊重。文化产业的大力发展，能够为实现市民文化权利奠定强大的物质基础。一方面，文化产业的快速增长提高了经济发展水平，增加了公民就业机会和收益，增强了实现文化权利的经济基础。随着物质条件的提高、人们对文化消费需求的加大，文化权利包括享受文化成果、参与文化活动、开展文化创造和文化成果受保护等多方面、多层次的权利要求。文化产业的转型升级创造了更加丰富多样和更高质量的文化产品，提高了公共文化服务的产业支撑和市场供给能力，增强了文化服务效能，适应不同层次的多样化、个性化需求，使得人们有了更多的文化选择，为文化权利的普遍实现提供了可能。另一方面，文化产业本身就需要人的创造性，尤其是进入文化创意产业阶段，以创作、创造、创新为根本手段，以文化内容、创意成果和知识产权为核心价值，这是人们发挥文化创造权的重要表现。因此，打造文化产业升级版可以最大限度地满足民众的文化创造权、文化成果的享受和受保护权。

（四）从深圳发展的特殊使命看，打造文化产业升级版是当好深化改革开放的先行地、建设国际化先进城市的根本要求

其一，改革开放是深圳的特质和灵魂，十八大后习近平总书记视察首站就来到深圳，对继续发挥先行先试作用提出殷切期望和更高要求，勉励深圳当好深化改革开放的先行地，率先全面建成小康社会、率先基本实现社会主义现代化。打造文化产业升级版有利于进一步释

放改革开放红利，增强深圳发展的生命力和竞争力，继续引领全国的新一轮改革开放。一方面，改革是深圳发展的最大红利，而文化引领时代风气之先，是最能革新的领域。打造文化产业升级版，增强了文化产业作为新经济引擎的社会共识，促进文化体制改革的不断深化，促进文化产业结构和发展模式的转变，大力培育文化新业态，有利于提升发展质量、释放改革活力，并推动着思想解放和观念变革，促进其他领域的综合改革，更好地挖掘改革红利。另一方面，中国开放是世界最大的开放，文化贸易成为新的国际竞争热点。中国作为文明古国与日趋活跃的文化大国，理应通过大力发展文化产业，尽快扭转文化贸易逆差较大的被动局面，加快文化"走出去"，激发文化认同感、民族自信心和凝聚力，利用文化展示本国形象、拓展国家利益，增强中华文化的感召力和影响力，在激烈的国际竞争中赢得主动，更好地让世界分享中国开放红利。深圳作为我国改革开放的窗口和中外文化的交汇融合之地，文化产品出口占全国的20%、进口占全国的18%，是我国文化产品进出口的重要基地和主要口岸。通过打造文化产业升级版，加快推动文化"走出去"，将优秀的文化资源转化成现实的软实力，提升中华文化的对外影响力，这是深圳为提升全国对外开放水平、有效维护国家文化安全所应承担的重大责任。我们有这样的文化自觉和文化自信。

其二，城市发展的不同阶段，社会进步的诉求和动力有所不同：在现代化的起飞阶段，人们首先拼的是经济和物质财富的积累；在工业化的中高级阶段，人们拼的是管理与制度建设；而到了向后工业化社会转型时期，人们拼的是人文和创意。进入21世纪，以文化论输赢、以文明比高低、以精神定成败成为城市竞争铁律，文化实力直接影响着城市核心竞争力的强弱。在世界性城市的发展历史上，伦敦提出打造"世界卓越的创意和文化中心"，创意产业产值已超过金融业而成为第一产业；纽约是世界文化俱乐部，文化创意产业是经济中最富活力的行业之一，创造着惊人的价值，观看百老汇演出、听一场音乐会成为去纽约旅游的重要内容；新加坡提出建设"一个充满动感与魅力的世界级艺术城市"，文化产业持续创造着高于金融业和石油化工业的经济效益，构成了国家创意价值链中的重要一环。当今，世界先进城市在城市发展战略中越来越优先考虑文化因素，无不千方百计抢占文化产业这一重要制高点。当前，深圳人均GDP已近2万美元，正处在文化消费的高速增长期，但消费潜力还远远没有充分释放，消费市场还有巨大的空间。深圳建设国际化先进城市，文化产业理应发挥不可或缺的突出作用，应大力开发文化资源，加快推动文化产业转型升级，形成充满活力的产业生命力，占据文化发展的制高点，迅速增强城市软实力、提升核心竞争力，引领、推动整个城市发展，为国际化城市建设创造良好的文化条件，在日趋激烈的城市竞争中保持领先地位。

二、打造文化产业升级版的现实条件

当前，全国文化产业正迎来一个加快发展的黄金时期，面临着极好机遇和有利条件。深圳作为全国较早起步发展文化产业的城市，文化产业的爆发式增长和业态创新齐头并进，为打造文化产业升级版创造了良好的条件、奠定了坚实的基础。

一是产业增长速度加快。近年来，我国文化产业实现了跨越式发展，成为新的经济增长点，呈现出爆发式增长的态势，2012年文化产业比同期GDP增速高6.8个百分点。深圳更是文化产业爆发式增长的典型城市。近10年来，深圳文化创意产业以年均近25%的速度发展，2012年实现增加值1150亿元，占GDP比重由

2003年近3%提高到9%，成为城市支柱产业、战略性新兴产业和带动经济快速健康发展的重要引擎。2013年上半年，深圳文化创意产业仍保持18.5%的快速增长态势，高出GDP增速9个百分点，是六大战略性新兴产业中增长最快的产业。

二是产业外延不断拓展。文化产业爆发式增长的重要特征之一，就是在文化"内容为王"的基础上，与科技、金融、商业、旅游等融合发展，这既是文化产业外延扩展的重要体现，也是经济社会发展对文化提出的迫切要求。深圳发挥高科技产业、金融业、创意设计业比较发达的优势，成功探索出"文化＋科技""文化＋创意""文化＋金融""文化＋旅游"等产业新模式、新业态，涌现出腾讯、华强文化科技、A8音乐、环球数码、华视传媒等一批以高新技术为依托、数字内容为主体、自主知识产权为核心的高成长型文化科技企业，"文化与科技紧密结合、创意与创新水乳交融"，成为深圳文化产业发展的突出特征和重要标志。

三是产业主体形成规模。近年来，深圳利用资本、技术、信息等要素市场和良好的外部环境，文化产业集聚效应初步显现，集团化、规模化发展的文化企业数量不断增加，培育了一批具有竞争力的产业主体。目前，深圳已有16家文化企业分别在国内和境外上市，另有8家公司已进行上市辅导备案，一大批企业在经营模式、创新能力等方面处在行业的领先地位。同时，全市形成各类文化产业园区、基地50多个，涵盖了动漫、游戏、设计、数字内容、出版发行等领域，产业集聚辐射功能显著增强。

四是产业环境不断改善。深圳在全国率先以立法手段出台《深圳市文化产业发展促进条例》，制定《深圳文化创意产业振兴发展规划》及其配套政策等一系列政策措施，为文化产业发展提供了有力的政策保障。通过转变政府职能，推动形成行为规范、运转协调、充满活力的管理体制，为各类文化产业主体竞相发展提供良好的政府服务。同时，注重发挥毗邻港澳、面向东南亚的地理位置优势，利用两个市场、两种资源，形成了文化产业开放式发展的地缘优势。特别是着力打造文博会、文交所、中国文化产业投资基金等国家级产业发展平台，为激活利用好国际国内文化产业要素创造了优良的市场环境。

在拥有良好发展机遇和条件的同时，应该清醒地认识到深圳文化产业发展中存在的不足，这也为打造文化产业升级版提供了广阔空间和远大前景。主要表现在以下几个方面：

一是产业结构仍需优化。文化制造业占据重要地位，特别是传统文化制造企业从规模上看仍处于行业龙头地位，在深圳 2012 年度百强文化企业中，印刷包装、珠宝加工等制造类企业数量占到 47 家，真正从事文化内容及文化服务等高增长值业务的文化企业所占比例较低。从发展趋势看，虽然产业结构在逐步优化，但核心竞争力仍然不强，作为支柱产业的积极作用有待加强。

二是规划空间资源紧缺。作为新兴产业，文化产业在土地空间保障方面总体上存在后发劣势。产业规划用地增量不足一直是制约文化产业发展的重要因素。一方面，具有较强成长潜力的企业用地问题无法解决，从而对企业扎根深圳发展造成影响。另一方面，对引进和规划建设新项目而言，受土地资源紧缺和地价成本过高的约束，重大文化产业项目在深圳落地远比在内地困难，对文化产业的持续增长将带来较大影响。

三是创新模式有待提高。深圳虽然利用高科技优势，成功探索出了"文化 + 科技"等新兴产业业态，但随着业态融合的不断深入、市场竞争的日趋激烈，已有的思维和传统理念已不能适应新时期的要求，一些具有发展潜力的企业创新模式有逐渐固化的趋势，产业创新从整体上看还有待进一步突破和提高。

四是产业人才较为缺乏。文化产业人力资源现有的总量、结构、水平，以及文化产业人才培养和培训体系、人才流动和引进机制、人才使用和管理制度等，都不能满足产业迅速发展的要求。高端创意人才匮乏，文化金融、市场运营管理等复合型人才非常短缺，在很大程度上制约了产业发展。文化创意产业人才认定标准空白也成为制约人才成长的瓶颈。

三、打造文化产业升级版的实施路径

打造文化产业升级版，实现"五高五强两低"的产业突破，必须着力从六个方面推动转型升级。

（一）业态融合升级，培育优质增量

文化产业具有很高的产业关联度，能够将创意、文化、技术、市场融为一体，融合并带动一大批相关产业发展，促进产业转型升级和效益提升。业态融合就是要进一步推动文化产业与经济各行业、各领域的联动发展，不断拓展新型文化产品和服务。一是继续推进文化和科技融合发展。积极运用科技手段丰富文化产品的生产方式和传播方式，发挥科技创新对文化产品内容的启

发效应和对产品形式创新的带动作用，增强文化产品的表现力和吸引力。发挥"国家级文化和科技融合示范基地"的示范效应，探索建立文化科技产业联盟，推动文化产业共性技术、关键技术和核心技术的研发、推广和应用，用科技创新改造提升传统文化产业，提高文化产品的附加价值和市场竞争力。二是加快"文化＋信息"融合的探索发展。随着人们的生产方式、生活方式愈来愈融入信息与网络时代，任何产业都将借助于信息技术形成全球供应链组织，文化产业新业态的信息创新空间愈来愈无边界，要以及时满足需求为业态创新的立足点和出发点，利用网络信息技术改造文化产品创作、生产、传播和消费的每一个环节。三是加强新兴业态的细化创新。要保持产业的竞争力和持续发展能力，就要不断在细分市场中探索新的业态和模式，做到人无我有、人有我优。更加注重推动文化产业与制造业、金融业、建筑房地产业、软件业、休闲旅游业等其他产业的交融，培育更多文化新兴业态，催生更多产业发展的新引擎。

（二）产业结构升级，提升存量价值

千方百计打通文化全产业链，拓展产业链升级的渠道，充分挖掘产业链多环节价值，是打造文化产业升级版最现实的途径。要以结构性、差别化的资源供给机制，引导资源向产业转型升级的重点领域、重点行业和重点企业配置，使深圳文化产业结构向"微笑曲线"的两端提升。从产业价值链的具体环节来说，一是提高创意研发环节的比重和水平。文化产业链中创意研发环节是提升整个产业竞争力的重中之重，是决定文化产业价值创造和实现的关键。要从主要依靠生产到依靠智力、知识、创意、创新的投入，提升所处产业链环节的级别，促使企业经营由低端向中端高端发展。二是传统文化制造类企业更要强化创意设计环节，使先进的创意设计理念快速渗透到传统文化制造业，推动传统文化制造企业的优化升级，加快"深圳制造"向"深圳创造""深圳创意"转变。三是实现高效高质的绿色生产。升级产业链并不能简单地理解为放弃生产环节，要在产业链原有环节上提升层次，加大新技术应用和工艺改造的力度，以此提高劳动生产率、产品质量和市场竞争力。四是在市场营销环节，衍生产品的研发与销售日益成为获取利润的重要方面，要树立品牌意识和精品意识，加大对营销环节的投入力度，使富有内涵、制作精良、创意领先的文化产品有效地占领市场，实现文化产业的全链条发展。

（三）创新模式升级，推动综合创新

创意与创新作为文化产业发展的核心与灵魂，已日益成为现代财富的源泉。打造文化产业升级版，根本理念是通过创新和创意创造出新的产业形态和内容产品，不断创造一种新的需求，将文化产业从传统的发展模式中解放出来。因此，一是要在产业外延不断拓展和全产业链延伸的基础上，将打造文化产业升级版与深圳创新驱动发展战略结合起来，在以科技进步和技术研发创新提升文化产品和文化服务附加值的同时，还要在商业模式、管理模式、运营模式、服务平台等多方面加大创新力度，推动文化产业发展模式从单一创新模式向综合创新生态体系升级，加快向文化产业的高端形态发展。二是创新还必须要有国际视野，要从激发国内资源活力向从全球角度配置创新资源转变，将先进的管理理念和公司治理模式引入进来，确立适合自身发展的科学经营策略，不断增强核心竞争力和持续发展能力。

（四）产业主体升级，强化龙头牵引

文化企业是文化产业发展的主体，也是打造文化产业升级版的主力，决定着文化产业的整体发展水平，文化企业强则文化产业强。只有做大做强文化领军企业，深圳才能当好文化产业发展的领头羊。一是加大政策扶持力度，支持重点文化企业以市场需求为导向，以创新创意为动力，以自主知识产权为核心，不断提高研发生产和市场开拓能力，扩大投资加快发展，打造一批拥有先进技术和自主知名品牌，具有较强发展实力和国际竞争力的文化领军企业，引领我国文化产业新兴业态发展。二是实施总部经济引领战略，加大招商推介力度，制订专门的引进计划，吸引国内外龙头文化创意企业把总部或地区总部、高附加值的制造环节、研发中心、采购中心和服务外包基地设在深圳，支持企业实施跨地区、跨行业、跨所有制兼并重组，实现跨区域发展、规模化经营。三是利用城市更新的有利契机，根据深圳不同区域的特点和空间布局，科学规划文化产业园区基地的建设，推动园区运营模式的创新，突出产业集约化、人才知识化、社区宜居化、环境生态化，大力培育园区和城市、城区一体化发展体系。四是利用产业集聚能够带来创新、外部性、社会资本和规模经济报酬递增等效应，在产业园区内引导传统文化产业与其他高科技产业、新兴媒体以及创意设计产业有机结合；同时，依托实体型产业集群，通过数字化服务平台及网络，实现"集聚推动创新"与"辐射形成共享"的模式，形成多维度的产业聚集网络，使产业相关者形成紧密互动和共同利益的聚合效应。

（五）市场体系升级，优化服务平台

国外发展文化产业的成功案例表明，搭建文化产业公共服务平台是加快文化产业发展的助推器。完善的产业服务平台不仅可以为产业主体提供必要的信息、技术、贸易和投融资服务，更重要的是能够促进资源的合理配置，从整体上推动产业的良性发展和优化升级。打造文化产业升级版，一是必须着眼于完善文化产品市场、要素市场、技术市场和资本市场建设，着力推动文博会、文交所、文化产业投资基金、文化和科技融合示范基地等国家级平台的升级发展，加快构建国家对外文化贸易基地、前海国家级文化创意产业园区等更多的国家级文化产业服务平台。二是加大面向行业的普惠性公共技术和服务等各类平台的建设力度，完善产业周边支撑服务体系，为原创产品研发、创新技术应用提供便捷、有效、低成本的公共技术服务，提高文化企业的整体研发能力，尤其是要加快推动建设一批虚拟现实技术、3D显示技术、新材料技术等与文化创意产业发展密切相关的重点实验室，支持创意设计、动漫游戏等领域先进适用技术的推广应用。三是特别需要注重加强知识产权保护平台的建设，完善政策措施，建立司法保护、行政执法、行业自律三结合的知识产权保护体系，强化完善文化行政执法与刑事司法相结合的管理机制，有力保障文化企业的合法权益不受侵害。

（六）开放合作升级，扩大对外贸易

文化产业必须树立产业报国、文化报国的理念，以做强做大民族产业、弘扬民族文化为己任，在经济转型期，文化贸易的发展是扩大文化产品和服务的市场空间、促进文化产业升级的重要途径。要以全球化的视野推动文化贸易的开展，以经济手段和市场力量进一步带动中华文化走出去，从而提升国家软实力。一是文化企业要注重内容，以文化内容为灵魂，突出产品的思想内涵和文化内涵，让自己的文化产品和服务融入中国元素、中国文化、中国价值观，真正把思想深刻、艺术性强的优秀文化产品推向世界。这样的产品能够走向国际市场并取得成功，才是中华文化的真正胜利。二是不断地增强企业的国际化经营能力。鼓励有条件的企业加快走出去的步伐，通过收购、控股、合作等方式，在境外设立文化企业和中介机构。抓紧熟悉掌握国际文化贸易规则，通过交流、合作、贸易等方式，学习借鉴西方跨国文化集团的经营管理模式，在研发、生产、销售等方面提高国际化水平，参与全球资源和价值链整合。三是提高对外贸易的竞争优势。进入国际市场不仅仅是技术和资本的竞争，更重要的是发展模式和文化内涵之争。既要发挥一批大型集团的优势，突破一批关键技术、共用技术，又要发挥中小企业的市场敏感性，开发新的文化贸易模式。四是加快文博会国际化、市场化、专业化发展步伐，大手笔规划建设好国家对外文化贸易基地，开展对外文化贸易创新试点，为文化企业提供更好的国际文化贸易服务和连接国内外市场的产品展示及交易机会。

打造文化产业升级版是一项长期的战略任务和系统工程，必须以全新的视野，保持战略思考高度和时代敏锐性，进一步完善保障支撑。以深圳而言，政策保障仍很重要，要在落实和执行好国家、省、市现有的文化产业促进政策的同时，进一步优化支持文化产业发展的政策环境，提高产业扶持的边际效益，尤其在文化产业税收政策、土地政策、金融促进政策和人才政策等方面要有新的突破，以改革的举措创造产业发展的新红利。例如，在空间保障上，将文化产业建设用地纳入城市空间专项规划，鼓励文化企业参与旧工业区、旧村、旧城区改造，建设文化产业园区（基地），通过推动城市更新扩大文化产业发展空间；在金融方面，要完善支持深圳文化产权交易所建设的政策措施和创新发展，引导中国文化产业投资基金更多地投资支持深圳文化企业、文化产业项目的发展，鼓励银行业金融机构创新金融产品和服务，加快培育和完善文化创意产业保险市场，积极推动文化创意企业通过上市、发行债券等直接融资手段获得金融支持；在人才方面，重点是加快培养和引进一批高层次文化经营管理人才，一批掌握现代高新技术、善于运用科技手段推动文化创意产业发展的创新型人才和一批熟悉文化贸易规则、善于开拓国际文化市场的外向型人才，建立完善文化创意产业人才认定标准，为打造文化产业升级版提供人才保障和智力支撑。

打造文化产业升级版，还要继续保护良好的市场环境，进一步深化文化体制改革，发挥好市场配置资源的积极作用，激发民营经济的活力，打造一批具有较强竞争力和较大发展潜力的市场主体。加强知识产权行政执法与司法保护，持续不断地依法打击各种侵权行为及其他违法行为，营造良好的文化产业营商环境，让深圳成为文化人才创新创业、成就事业的一方热土。

（本文刊载于 2013 年 11 月 23 日《中国文化报》）

五

文化产业爆发式增长
与深圳实践

进入新世纪，随着我国文化体制改革的不断深入和人民群众精神文化需求的不断增强，文化产业从探索、起步、培育的初级阶段，进入爆发式增长期。文化产业成为新的经济增长点，逐步成为国民经济支柱性产业，为打造中国经济升级版提供了重要路径。

文化产业爆发式增长的标志

加快发展文化产业是新世纪党中央做出的重大战略部署。2000年，党的十五届五中全会强调完善文化产业政策，推动有关文化产业发展，这是中央首次提出"文化产业"概念；2002年，十六大进一步把文化区分为文化事业和文化产业，强调一手抓公益性文化事业，一手抓经营性文化产业；2007年，十七大从增强国家文化软实力、推动文化大发展大繁荣的战略高度，强调大力发展文化产业；2012年，十八大将文化实力和竞争力作为国家富强、民族振兴的重要标志，强调推动文化产业快速发展，推进社会主义文化强国建设。为加快文化产业发展，党中央和国务院出台了一系列政策措施，包括《关于深化文化体制改革的若干意见》《文化产业振兴规划》《关于深化文化体制改革推动社会主义文化大发展大繁荣若干重大问题的决定》《国家"十二五"时期文化改革发展规划纲要》等。

中央加快文化产业发展战略措施的密集出台，推动了我国文化产业的跨越式发展。十六大以来，我国文化产业增加值年均增速超过 20%，远高于同期 GDP 增速，在国民经济中所占比例逐步增加，凸显出成为支柱性产业的巨大潜力。特别是 2008 年至 2010 年，文化产业增加值年均增长 24.2%，高于同期 GDP 年均增速近一倍。2011 年，我国文化产业增加值为 13479 亿元，增长 21.96%，占 GDP 比重达 2.85%。

深圳是我国文化产业爆发式增长的典型城市。在文化资源短缺、文化底蕴不足、文化人才稀缺的情况下，深圳文化产业却迅速崛起，在较短时期内建立起较为完备的产业体系，成功探索出"文化＋科技""文化＋创意""文化＋旅游""文化＋金融"等发展模式，被外界誉为"创造了文化发展的深圳奇迹"。深圳文化产业爆发式增长，集中体现在四个方面：

（一）增长速度快

近 10 年来，深圳文化创意产业一直强劲增长，年均速度近 25%，高于同期 GDP 增速近一倍；2012 年实现增加值 1150 亿元，占 GDP 比重达 9%，位居全国城市前列，成为全市支柱产业、战略性新兴产业和带动经济快速健康发展的重要引擎。在当前较为复杂的国内外经济形势下，今年上半年文化创意产业实现增加值647亿元，增速仍高达18.5%，高出GDP增速9个百分点，成为深圳六大战略性新兴产业中发展最快的产业。特别是全市文化创意"百强企业"发展速度更快，平均增速超30%，如腾讯今年第一季度总收入同比增长40.4%，华强文化科技集团前5个月总收入同比增长34.7%。

（二）产业规模大

全市文化创意产业增加值连续上新台阶，2003年仅为135亿元，2008年突破500亿元，2012年突破1100亿元，总体规模保持全国领先地位。作为"中国文化产业第一展"，文博会是文化产业爆发式增长的一个重要缩影，总成交额从2004年首届的356亿元，到2010年第六届突破1000亿元，再到2013年第九届的1665亿元。全市文化企业总体规模庞大，总数量达4万多家，从业人员90万人，年出口额30亿美元。一批领军文化企业实力雄厚，全市年营业收入超10亿元的企业就达20家，如华强文化科技集团下辖27家专业公司，连续4届蝉联"中国文化企业30强"，被评为"十大最具影响力国家文化产业示范基地"；腾讯公司成为中国第一家收入超过百亿元的互联网企业，2012年总收入达439亿元、盈利155亿元。

（三）产业结构逐步优化

从分层情况看，深圳文化产业的核心层（包括新闻服务、出版发行和版权服务、广播电影电视服务和文化艺术服务）、外围层（包括网络文化服务、文化休闲娱乐服务、其他文化服务）发展迅速、比重上升，相关层（包括文化用品、设备及相关文化产品的生产和销售）比重逐步下降，2010年分别同比增长39.99%、41.84%、13.94%。动漫游戏、文化软件、新媒体及文化信息服务业等新兴业态发展迅猛，去年平均增速近30%，全市文化创意"百强企业"中新兴业态企业占50%。第九届文博会首设文化新业态展区，文化产业核心层参展比例高达95%。

（四）发展效益显著

文化产业成为深圳最活跃、最具竞争力的产业之一，实现了产出和效益同步增长、经济效益和社会效益双丰收。纳税贡献连续两年超同为四大支柱产业之一的物流业，对世界经济低迷环境下深圳GDP仍保持近两位数增长贡献巨大，成为加快转型升级、打造深圳质量的先锋力量，如宝安区西乡街道形成了4个文化产业园区、文化企业261家，去年文化产业增加值高达50亿元，占GDP比重近15%，一个曾经的僻远之地变身为前景广阔的产业总部。深圳还充分发挥文化产业综合功能，强调人文价值和市场价值并重，实现社会效益最大化、经济效益最优化，如华强动漫公司出品的《熊出没之过年》创央视少儿频道开播以来的最高收视率，并成功进入国际主流动漫平台尼克频道和迪士尼频道。深圳文化产业的爆发式增长引起了国内外极大关注，联合国教科文组织总干事伊琳娜·博科娃在得知深圳文化产业的高增长率时，感慨深圳的实践再次证明了"文化是可持续发展的关键"。

文化产业爆发式增长的特征

从我国和深圳的实践来看，文化产业爆发式增长有四个主要特征：

1. 需求井喷化——文化产业成为满足群众精神文化需求、实现消费结构升级的重要途径。国际经验表明，人均GDP达到3000美元时，居民消费进入物质和精神文化需求并重期；超过5000美元时，进入精神文化需求旺盛期，出现跳跃式的"井喷"，并保持长期增长势头。2012 年我国人均 GDP 超 6000 美元，居民消费正由生存型温饱型，向小康型享受型转变，精神文化需求呈"井喷"之势。一方面，随着经济条件宽裕、教育水平提高、闲暇时间增多，人们参与文化活动、进行文化创造的愿望越来越强烈，实现文化权利的意识更加高涨。另一方面，中央强调转变经济发展方式，经济增长由依靠投资、出口拉动转为消费、投资、出口"三驾马车"协调拉动。这些都为文化产业爆发式增长提供了广阔的市场空间，目前很多产业出现产能过剩问题，文化产业是少数几个总供给不能满足总需求的朝阳产业之一。据统计，2011 年我国城乡居民人均文化消费分别达到 1102 元和 165 元，比 2002 年分别增长 170.7% 和 253.8%，年均增速分别高达 11.7% 和 15.1%。文化产业爆发式增长需求潜力大、市场前景广，成为消费拉动的重要着力点，有利于促进消费结构升级，满足群众精神文化需求快速增长的新期待，更好实现公民文化权利。

2. 科技融合化——"文化 + 科技"趋势日益明显，文化产业新兴业态发展迅猛。文化产业爆发式增长，创意是促使发展的原动力，科技是支撑发展的推动力。文化产业"内容为王"，没有内容，机器、设备等硬件只是空壳，但内容创新和发展必须以科技为前提和手段，只有借助科技力量，文化才能以更快速度、更新内容、更活形式、更广受众得以传播。数字、网络技术的迅猛发展，催生了一系列新兴文化业态，极大提高了文化产业的科技含量，提升了文化产品的附加值，促使文化产业不断升级，这是文化产业爆发式增长的一个重要特征，反映了未来发展的方向。如，动漫和网络游戏产业迅速兴起，互联网、手机等成为文化传播的新载体，二维码技术应用产生了新的出版物种"会说话"的图书等。我国及时在文化领域提出了科技创新战略，实施"国家文化科技提升计划"和文化创新工程，推动深圳高新区等16家"国家级文化和科技融合示范基地"建设，在深圳召开"全国文化与科技融合座谈会"，"文化＋科技"模式逐渐成为发展文化产业的有效路径。从一定意义上说，谁拥有了高新技术的优势、融合步伐快，谁就抓住了文化产业爆发式增长的领先优势，占据文化发展的制高点、掌握文化发展主动权。

3. 贸易全球化——文化"走出去"步伐加快，中华文化国际影响力显著提升。随着世界多极化、经济全球化加快发展，文化"走出去"成为优化外贸结构、推进文化交流的重要途径，提升国家文化软实力、扩大文化影响力的必然要求；同时，文化产业爆发式增长，自身也迫切需要"走出去",统筹利用国内国际两个市场、两种资源,把丰富的民族文化资源转化为产业优势,提高文化产品的国际市场竞争力,实现又好又快持续发展。近年来,我国文化发展坚持"两条腿"走路,在继续推动政府主导文化交流的同时,积极探索市场化、商业化、产业化运作方式,着力发展一批具有国际竞争力的外向型文化企业,推动建设国家对外文化贸易基地,打造深圳文博会等国际文化交易平台,以企业为主体、以文化贸易为主要方式,加快产品和服务"走出去",鼓励文化企业通过投资、合资、参股等多种方式,在境外兴办文化实体,更直接参与国际文化市场竞争,扩大文化产品和服务在国际市场上的份额。2012年我国文化产品出口额为217.3亿美元,同比增长16.3%,连续多年呈现快速增长态势;核心文化产品出口总额逐年增长,国际文化贸易逆差明显缩小,如图书版权引进和输出比由2003年的15:1下降至2010年的3:1。

4. 体制改革稳步深化——营造文化产业发展的良好环境,产业主体不断壮大。我国文化体制改革2003年开始在深圳等九省市和35家单位试点,2006年全面推开,积极转变政府职能,加速政企分开、政资分开、政事分开、政府与市场中介组织分开,推动形成行为规范、运转协调、充满活力的管理体制，为各类文化产业主体创造良好的政策、法制和市场环境，解放发展文化生产力。重塑市场主体，一大批国有经营性文化单位转变为市场主体，据不完全统计，有近2100家国有文艺院团完成改革，全国出版发行、电影电视剧制作等领域基本完成全行业转制，注销经营性文化事业单位法人6500多家、核销事业编制28万多个，市场活力和竞争力明显增强。完善市场体系，出台一系列促进扶持的优惠政策和具体措施，健全文化市场准入机制，社会资本纷纷进入文化产业领域，银行信贷大幅增加，文化产业发展的外部环境日益优化。做大做强产业主体，文化企业融资步伐加快，近200家企业有上市计划，整体实力迅速壮大，涌现出一批知名文化品牌和一批总资产、总收入"双百亿元"的大型骨干文化企业，文化产业规模化、集约化、专业化水平不断提高。

就深圳而言，推进文化产业爆发式增长坚持了"五个结合"：

一是坚持内容导向与市场需求相结合，提升文化产品的内涵和质量。文化产业的内容永远是根本，是核心竞争力。深圳牢固树立"内容为王"的观念，坚持以文化产业承载文化理想和文化价值，以价值创新提升文化产品的内涵和质量，以高品位支撑文化创意，以丰富供给满足文化需求，以内容质量开拓文化市场，以价值优势赢得产业发展优势。《走向复兴》《迎风飘扬的旗》《命运》等时代最强音唱响全国，就是以内容的价值赢得群众喜爱，弘扬中华文化和时代精神。同时，作为市场经济发育较早城市，深圳注重通过市场机制把握文化供需动向、发现优质文化元素、引导高尚文化生活，依靠市场运作使文化内容延伸到文化生产消费传播各环节，培育提升文化品牌，打造高品位城市。

二是坚持科技创新和体制改革相结合，增强文化产业发展的活力与动力。科技创新和体制改革是推动文化发展的两大动力。深圳作为国内较早发展高新技术产业的城市，充分认识到科技对文化发展的重要作用，以创新精神走出了一条"文化＋科技"的发展道路，涌现出一批以腾讯、华强文化科技等为代表的"文化＋科技"企业，催生了一批新兴文化产业形态，有效延伸了文化产业链。以华侨城为代表的"文化＋旅游"模式和以文化产权交易所、中国文化产业投资基金为代表的"文化＋金融"模式，也都成为文化产业创新发展的亮点。同时，不断深化文化体制改革为文化科技创新给力加油，以改革优化文化资源配置、壮大文化产业发展主体，取得了明显效果，率先完成全国文化体制改革试点任务，4 次被评为"全国文化体制改革先进地区"。

三是坚持社会效益和经济效益相结合，充分发挥文化产业的综合功能。深圳在推动文化产业发展过程中，坚持把社会效益放在首位，努力实现社会效益和经济效益的有机统一，强调人文价值和市场价值并重，引导文化企业树立文化自觉、履行社会责任，使文化产品反映正确的价值理念、传播先进的思想文化，以合格的文化产品服务社会，在满足文化消费的过程中引导文化需求。深圳对报业、广电和出版发行三大国有文化传媒集团提出建设"效益集团"目标，在探索国有文化资产监督体制机制创新中，统筹考量导向要求和利润指标，要求三大集团不仅当好新闻宣传的组织者、策划者，还要当好社会文化建设的参与者、促进者，做到社会效益最大化、经济效益最优化。

四是坚持政府引导和企业主导相结合，形成文化产业发展的联动机制。政府引导和企业主导是文化产业发展的两个"轮子"，只有"双轮"驱动，才能实现产业发展提速。一方面，深圳注重抓方向、抓规划、抓扶持，在全国率先以立法手段出台《深圳市文化产业发展促进条例》，制定一系列规划和政策措施，为文化产业发展提供有力的政策保障。另一方面，注重发挥文化企业的主体作用，培育和涌现一大批领军文化企业，汇聚了田面"设计之都"创意产业园、怡景动漫产业基地、大芬油画村等一批国家级文化产业园区和基地，文化要素市场日益健全，文化产业逐渐由政府驱动为主转变为政府主导下的企业自主发展。

五是坚持立足国内开发与"走出去"相结合，培育和开拓文化产业广阔市场。深圳毗邻港澳，面向东南亚，在利用两个市场、两种资源上拥有独特优势。打造"文博会"品牌，9届文博会累计成交额超8000亿元，成为国内文化产业发展的助推器和风向标、中华文化走向世界的重要平台。通过"设计之都"这个国际创意领域合作交流的最权威的便捷平台，引领文化产业发展潮流。一批文化企业迅速实现国际化发展，成为推动我国文化"走出去"的市场先锋，华强文化科技集团自主开发的高科技文化主题公园出口到伊朗、南非、乌克兰等多个国家，雅昌公司连续多年荣获素有全球印刷"奥斯卡"之称的"班尼"金奖，雅图公司牢牢占据欧美主流市场份额，产品在100多个国家广泛应用，等等。

文化产业爆发式增长的经济意义

我国文化产业爆发式增长，其意义和价值是多方面的。这里仅就其经济上的意义说，为打造中国经济升级版提供了重要途径。

1. 文化产业爆发式增长提供了新型城镇化的重要途径。李克强总理多次强调，新型城镇化是以人为核心的城镇化，关键是提高城镇化质量。文化产业不仅直接贡献于经济增长，而且在提升发展质量中发挥越来越重要的作用，文化产业爆发式增长能够促进发展具有更多文化含量，经济社会发展才能进入更高层次、更高水平。城市不仅是经济的发展体，更是文化的共同体，文化建设是城市化发展的灵魂。文化产业是生产内容产品、创造精神财富的产业，满足人民群众多样化的精神文化需求，提高人的精神境界、生活质量和幸福指数，提升城市文化品位、创新活力和影响力，缓解社会矛盾、促进社会和谐，这是人的城镇化、现代化的根本要义和重要保障。另外，文化产业门类众多、产业链长，吸纳劳动力强，既可以吸纳掌握高新科技的高端人才，也能满足具有一技之长的普通劳动者的就业要求，投入的是智力资源，产出的是知识产权，不需要很多厂房和土地就能创造就业机会，符合新型城镇化的要求和方向。尤其是我国中西部地区拥有丰富的文化资源，只要善于在市场化、产业化上率先突破，就能把文化资源变成现实财富，促进实现新型城镇化的跨越式发展。

2. 文化产业爆发式增长有利于推动创新型国家建设。打造中国经济升级版，必须建设创新型国家，加快提高自主创新能力，推动经济发展逐步从资源要素驱动转向创新驱动的轨道，在稳增长中提高发展质量和效益。文化产业天然具有创新驱动的特点和功能，有助于增强自主创新能力和氛围，在建设创新型国家中具有不可替代的重要作用。首先，文化产业以观念创新为原动力。文化产业是一种创意产业，文化产品的生产经营消费，实际上是文化观念、理念和价值观的传递，观念、理念和价值观构成了文化产业的基础，使文化产业具有创新原动力，进而影响到整个社会自主创新的氛围营造和能力提升。其次，文化产业以内容创新为实质。人们的文化需求总在不断变化，文化产业爆发式增长要求文化企业必须不断推陈出新，形成自身的核心竞争力。文化产业内容创新还会促使高科技找到新的应用领域，提升科技产品的文化内涵，拓展市场空间，降低发展风险，增强科技产业可持续发展能力。第三，文化产业以形式和媒介创新为载体。传播方式和媒介创新，带来文化流通模式的创新，引发文化产业领域的革命，使文化产业获得了不断增长的利润空间和消费群体，也推动着关联行业的技术进步和整个经济创新能力的提高。

3. 文化产业爆发式增长加速了经济结构的优化升级。经过 30 多年的高速增长，中国已成为世界第二大经济体和重要的制造业中心。与此同时，人口红利开始逐渐减退，资源环境约束压力加大，迫切需要加快经济结构优化升级。文化产业具有优化结构、融合性强、可持续的独特优势，是朝阳产业、绿色产业，其爆发式增长有利于加快现代服务业发展和经济结构战略性调整。文化产业是现代服务业的重要组成部分，既为生活服务又为生产服务，促进其爆发式增长能迅速增加第三产业比重，抓住调整供给结构的突破口，从总供给方面进一步优化经济结构。文化产业具有产业融合的特点，与其他产业相互渗透趋势日益加剧，对传统产业文化内涵和品质的提升发挥积极作用；同时，在文化科技融合过程中，新兴产业门类和文化业态不断涌现，促进与之相关的产业不断升级换代，如三网融合带动文化产业链上众多行业发展，内容提供商、服务提供商、运营商及光纤通信设备制造商都将获益。文化产业具有低碳经济的特点，是受资源环境瓶颈制约较小的新兴产业之一，不会随着资源枯竭而萎缩，不仅消耗低、污染小，而且能改变传统消费观念和生活方式，促进节约资源、保护环境，实现生态增值，助推并提升低碳经济的文化内涵。

4. 文化产业爆发式增长有利于进一步释放改革开放红利。一方面，改革是我国发展的最大红利，而文化引领时代风气之先，是最需要革新的领域。文化产业的爆发式增长，进一步增强了文化产业作为新经济引擎的社会共识，促进文化改革的不断深化，并推动思想解放和观念变革，推动其他领域的综合改革，更好地挖掘改革红利。文化产业进入爆发式增长期后，调整改革文化产业结构和发展模式、提升发展质量迫在眉睫，以科技为支撑、以市场为导向，在增量领域大力培育文化新业态，鼓励文化企业做大做强、提升内涵、打造品牌，释放改革活力成为长期趋势。另一方面，中国开放是世界最大的开放，文化贸易成为新的国际竞争热点。当今世界，文化与经济融合产生的竞争力越来越成为一个国家最根本、最持久、难以替代的竞争优势。目前仍是西方强势文化主导，据统计，国际文化市场构成美国43%、欧盟34%、日本10%，而中国不足4%；文化产业对国民经济的贡献，美国占GDP25%、日本和英国都超过

15%，而中国不到 3%。中国作为文明古国与日趋活跃的文化大国，理应通过文化产业爆发式增长，尽快扭转文化贸易逆差较大的被动局面，加快文化"走出去"，激发文化认同感、民族自信心和凝聚力，利用文化展示本国形象、拓展国家利益，增强中华文化的感召力和影响力，在激烈的国际竞争中赢得主动，更好地让世界分享中国开放红利。

（本文发表于 2013 年 8 月 20 日《中国文化报》）

六

文化与经济的互动

文化与经济的互动是文化流动的最重要形式之一。一直以来，人们都认为文化与经济之间有着清晰的楚河汉界，各自驰骋在自己的疆域，相互独立甚至时而对立。事实上，从人类历史长河看，文化与经济之间始终交织错杂，即使是最原始最落后的经济形态中，也或多或少地包含着文化因素。

　　很长时期内，文化在经济增长中的作用一直被忽略，甚至认为推动经济发展的引擎只有科学技术，而文化是多余的。所谓"文化搭台、经济唱戏"的口号，曾在 20 世纪八九十年代风行一时，这种把文化和经济截然分开的认识，是工具理性信奉者的思维定式。20 世纪 90 年代倡导的自由市场和贸易自由化就是基于这样的认识，既成功地刺激了西方发达国家经济增长的政策，同样在其他地方促进经济增长，而无须考虑其文化环境如何。

　　近年来，随着社会的不断发展，文化的力量日益体现在经济社会发展的每一个链条中，人类对文化与经济的关系逐渐有了更为深入的认识。人们开始思考很多地区忽视文化传统，盲目发展经济所带来的新的贫困。后现代理论家马吉德·拉纳玛指出，未曾预料到的结果经常造成新型的贫困：

朴素和乐观的美德……相互信赖的智慧以及容忍的技巧，遭到嘲笑，被当作不发达的表现，"个人"成功的文化……让年轻人离开村庄，将妇女、儿童和老人撇下留在家庭中，这些人除通常无法实现的"商品"和"服务"的承诺外，无所依靠。[1]

要通过文化来促进经济发展，成为越来越多的人的共识。文化是促进社会可持续发展的关键，各类国际会议和倡议都试图将社会发展的进程放到更为广泛的文化框架内。1975年，阿克拉非洲文化政策政府间大会将文化确定为"内在、相容和均衡发展的必要条件"；1982年，在墨西哥城举行的世界文化政策会议再次提出了这个主题；2010年，联合国教科文组织世界报告《着力文化多样性与文化间对话》进一步肯定了对文化的这一定位。

文化之用就在于它的无用之大用。经济越发展，越离不开文化的支撑，脱离了文化的经济是根本不存在的。

简单地说，文化对经济的影响表现在形而上和形而下两个方面。《易经》："形而上者谓之道，形而下者谓之器。"道无形而器有形，文化对经济既有无形的影响，也有有形的作用。

从形而上的角度看，文化对经济起着价值导向的作用。简单地说，就是"先生长观念，再生长高楼大厦"。例如，深圳对全国最有影响的，不是高楼大厦以及快速的经济增长，而是精神观念。如果仅从 GDP 等经济指标方面总结，当然也能看出深圳经济特区的发展成果，却过于"物质主义"。试想，就算我们把创造的所有物质财富全部不剩地交给国家，又能有多大的贡献，发挥多大的作用呢？这显然不是我们建立经济特区的意义。在这些物质财富背后，起决定作用的是观念的变革。深圳不只是因为经济的快速发展为国人所称道，更根本的是因为它的观念对中国改革开放进程的影响，特别是对建立社会主义市场经济发展模式和发展道路的影响。说到社会主义市场经济就会想到深圳，而深圳对社会主义市场经济最大的贡献就是观念的贡献，是在观念基础上的一系列的先行先试。深圳是一个有创生观念的城市，先生长起来的是具有时代特征、创新精神和人文意识的先进观念，然后才有高楼大厦的拔地而起。"时间就是金钱，效率就是生命""空谈误国，实干兴邦"等耳熟能详的"深圳十大观念"，集中体现了"全球视野、时代精神、民族立场、深圳表达"，不仅是市民对这座城市的集体记忆，标示了深圳的精神坐标和城市核心价值，更是改革开放时代精神的高度浓缩，是开辟时代的产物，在时代发展中起着引领作用。

历史上，很多学者都看到文化（包括宗教、道德、观念、理想）因素对人们经济行为的深刻影响。西方经济学之父——亚当·斯密除了为世人熟知的经济学巨作《国富论》之外，还有一本奠定其道德哲学地位的著作《道德情操论》。亚当·斯密一生 6 次修订《道德情操论》，希望人们能认识到人类的伦理道德才是促进人类幸福最根本的途径。

诺贝尔经济学奖获得者阿马蒂亚·森曾在其《伦理学与经济学》一书中说：

> 在现代经济学的发展中，对亚当·斯密关于人类行为动机与市场复杂性的曲解，以及对他关于道德情操与行为伦理分析的忽视，恰好与在现代经济学发展中所出现的经济学与伦理学之间的分离相吻合。亚当·斯密的确在互惠交易和劳动分工的分析中做出了开创性的贡献，这些贡献与缺乏友善和伦

理的人类行为是完全一致的，人们大量引用的恰恰是亚当·斯密著作中关于这部分的内容。而亚当·斯密著作中关于经济和社会的其他部分，包括他对悲惨现实的关注、他所强调的同情心、伦理考虑在人类行为中的作用，尤其是行为规范的使用，却被人们忽略了，因为这些思想在现代经济学中已经变得不时髦了。[2]

马克斯·韦伯认为，资本主义不仅是一个经济和政治制度的综合体，它还有着特殊的精神风格和文化意义。他在《新教伦理与资本主义精神》中谈道：

> 近代资本主义扩张的动力首先并不是用于资本主义活动的资本额的来源问题，更重要的是资本主义精神的发展问题。[3]

韦伯认为，在新教伦理的影响下形成了近代资本主义精神，进而才有了资本主义的发生、兴起和扩展。换句话说，创造近代资本主义文明的首先是一种文化精神。尽管韦伯的观点引来诸多争议，但他从分析资本主义发展的精神实质入手，凸显了文化背景对经济运行的重要性，引发了人们对经济发展的文化环境和背景的深入思考。

穆勒将政治经济学研究的对象定位于道德和社会科学的范畴，认为各国的经济情况取决于道德的或心理的，从而依赖于各种制度和社会关系，依赖于人类的本性。马歇尔认为政治经济学或经济一方面是一种研究财富的学科，另一方面，也是更重要的方面，它是研究人的学科的一个部分。熊彼特认为，文化对创新的制约也就意味着其对经济发展的影响。刘易斯在全面分析影响经济增长的因素时，将"节约的意愿"和"工作态度""冒险精神"等放在了最前面。

20 世纪 80 年代起，更多的学者透过社会发展的诸多现象，发现了经济因素背后的文化力量。塞缪尔·亨廷顿积极探讨文化与政治、经济、社会发展之间的关系，认为未来的冲突将由文化因素引起，而非经济或意识形态。阿马蒂亚·森则提出，实际上，资本主义经济的高效率运行依赖于强有力的价值观和规范系统。

21 世纪是文化的时代，这一时期的特点将会是文化处于社会中心地位，文化渗透社会政治、经济、生活各个领域。联合国教科文组织从大量的调查研究中发现，成功的经济效益并不一定使得文化转换基于个人主义和竞争的西方式价值观。例如，在日本，武士礼仪准则和怀德堂教育机构在一个以集团责任、公司忠诚、人际信任和默认契约为基础的经济中发挥了作用。而韩国，在他们的企业行为中利用了儒家传统，其他具有社会特征，而非商业贸易概念的文化传统。越来越多的声音开始质疑把发展等同于利益最大化和物资积聚的做法。

文化不是手段，而是目的，它会影响，甚至规范引导着人们的行为，并且成为社会进步的原动力。拥有自觉的文化价值导向，会让我们的社会发展步伐变得稳固、坚定而持久。在追求经济利益的同时不忘守望精神的家园，我们的社会才有希望，才有可能真正迎来文化的大发展和大繁荣。

从形而下的角度看，文化虽然无影无形，却具有极强的扩张力和渗透力。随着经济的发展，它已渗透国民经济的各行各业中，人民生活的各个方面。文化已从幕后走到台前，在推动经济发展和丰富人民文化生活中大有作为。正如美国学者米切尔·J·沃尔夫在《娱乐经济》一书中所言，文化、娱乐，而不是那些看上去更实在的汽车制造、钢铁、金融服务业，正在迅速成为新的全球经济增长的驱动轮。

文化与经济的相互渗透和融合已成为 21 世纪世界经济发展的重要特点。传统的经济理论中，经济更多地指向消耗性物质产品的生产、流通、分配和消费。而文化则主要属于上层建筑和意识形态领域，一般不用经济手段来生产和消费。劳动大众是创造物质财富的主体，而文化的生产和消费主要属于社会精英阶层或贵族阶层。随着后工业时代的来临，经济与文化之间的界线日渐消弭，呈现出互动融合的态势，甚至出现了一种新的经济形态——文化经济。

　　从 20 世纪中叶起，敏锐的思想家们已经预感到文化经济时代的来临。但以法兰克福学派为代表的西方马克思主义对这一融合趋势进行了批判。1944 年，流亡美国的德国哲学家马克斯·霍克海默和西奥多·阿道尔诺共同发表了《文化工业：作为大众欺骗的启蒙》一文，被推举为"大众文化"的开山之作。他们以批判的眼光看待"文化工业"，认为现代文化"完全掉进了商品世界中，是为市场生产的，目标也在市场上"。

　　伴随着文化工业时代到来的是"文化工业资本"的出现，而文化工业资本完全改变了传统社会中人们从事文化生产活动的目的是满足自身精神生活的诉求。资本家大量采用先进的科技设备进行文化产品的生产，使文化成为以最大利润为目的、以巨额资本为手段、用标准化大批量生产方法进行文化生产活动的行业。它是现代资本运作模式与现代工业生产方式向文化业渗透的结果，是工业化生产方式向文化领域扩张的必然产物。

文化工业资本的诞生和发展，电影、电视、广告、卡拉 OK 等的出现，对全社会人们的生活方式与精神世界，对当代人的心理结构与社会结构，产生了前所未有的巨大影响。这些影响包括哪些方面，它们是好事还是坏事？围绕这一问题，思想界乃至全社会产生了激烈的争论。以马克斯·霍克海默、西奥多·阿道尔诺等为代表的法兰克福学派，则对文化工业进行了猛烈的批判与声讨。其火力主要集中在以下几个方面，他们认为：第一，文化工业生产的文化产品，用文化的交换价值替代了文化的使用价值。第二，文化工业是机械化的工具理性对人的自由本性与内在精神价值的剥夺。第三，千人一面的文化工业产品，导致人类个性与艺术韵味的丧失。第四，文化商人雇佣文人统治人们头脑："民间艺术从下面成长起来。大众文化则是从上面强加的。"

传统社会的文化是小众文化、精英文化，而现代社会的文化是人民的大众文化。从精英文化走向大众文化，打破了少数人的文化特权和文化垄断并不只具有政治进步意义，还意味着形成了大众文化市场和文化消费。这就为当代社会的文化经济、文化产业的兴起和持续发展创造了前提。

经济与文化的互动出现了新经济——创意经济。"资本和技术主宰一切的时代已经过去，创意的时代已经来临"。这是今天美国从硅谷到华尔街的流行语。霍金斯在《创意经济》中谈道：

> 创意并不新鲜，经济学更是老生常谈。真正称得上新的是它们之间的关系的特质和程度及两者如何结合，共同创造非比寻常的价值和财富。[4]

创意经济的发展加速了文化的流动，这一点从美国创意产业的发展可窥见一斑。好莱坞从中国传统文化中汲取了宝贵的创意，推出了动画大片《花木兰》和《功夫熊猫》等，赢得高额票房的同时也将中华文化介绍给了世界，促进了文化的流动。

在促进文化流动、带动本国经济文化发展方面，美国政府不遗余力。美国的历史只有200多年，还不及中国的一个王朝，但美国拥有的博物馆的数量却数不胜数。他们不仅收藏自己的历史，更是热衷收藏别人的历史。在大都会艺术博物馆众多永久艺术收藏品中，包括许多出众的古典艺术品、古埃及艺术品，几乎所有欧洲大师的油画及大量美国视觉艺术和现代艺术作品。该博物馆还收藏有大量的非洲、亚洲、大洋洲、拜占庭和伊斯兰艺术品，同时是世界乐器、服装、饰物、武器、盔甲的大总汇。

美国政府还通过政策倾斜，吸纳世界各地的文化人才，无形中充实了其文化产业的人才队伍。从 20 世纪 50 年代起，美国就多次修改移民法，规定只要是专业"精英"，可不考虑国籍、资历和年龄，一律允许优先进入美国。好莱坞的许多大腕儿都是引进的人才，比如卓别林、希区柯克、施特罗海姆和我们非常熟悉的华裔著名导演李安等。来自不同国家的人才贡献给美国的不仅是其本人的才华，还带来风格各异的文化。这些都给美国文化产业输送了巨大的创造力和生命力。

经济与文化的互动还出现了一个新的阶层——创意阶层。佛罗里达在《创意阶层的崛起》中谈到，创意阶层的核心成员包括科技、建筑和设计、教育、艺术、音乐以及娱乐等领域的工作者，他们的经济职能是创造新理念、新技术和（或）新的创意内容。围绕这个核心，创意阶层还包括一个更为广阔的"创造性专业人员"群体，分布在商业和金融、法律、卫生保健等相关领域。这些人员主要负责解决复杂问题，需要做出大量的独立判断，所以要求具备较高的教育背景或者人力资本。

创意阶层的流动代表了文化的流动，而创意阶层流向哪里，哪里的经济就会繁荣。因此，全球正在掀起一场新的争夺创意人才的大战，世界各国各城市都在纷纷制定政策吸引人才，唯恐落后。这一趋势充分表明了经济与文化的深度融合。

在文化流动的过程中应当有意识地增强经济推力的作用。文化的流动并不是盲目的，它有自己的定律。探讨其中的动力机制，对改变文化流动的方向，影响文化流动的程度，将有重要意义。当然，这种动力机制有许多，其中有文化自身的和非文化的因素。特别是到了现代商业社会，非文化的因素，尤其是经济因素的影响不容忽略。经济动因往往成为现代社会各种资源配置的决定性因素。

记得在和著名作家梁晓声先生的对话中，我们曾经产生过一个共识，那就是，凡工商业发达之地，必文化兴盛之邦。这在历史上是有过无数例证的。像21世纪初的上海，高度发达的现代化，极大丰富的物质、商品，使上海率先进入消费社会，而文化生产也繁荣一时。

当然，我们也应该注意到乔尔·科特金在《全球城市史》中的提示：

> 在古代世界，为商业而设计的都市远逊于为了征服而建造的城市。建基于利润和狭隘的自我利益上的意识形态远不能抵抗帝国的理念，而正是这种理念统治了近代来临之前的城市史。[5]

城市的竞争通常经历拼经济、拼管理、拼文化三个阶段。但鉴于近代以来经济在文化流动中的显著作用，我们应该清醒地认识到，即便是在中国城市发展迈入第三阶段即文化竞争阶段时，还必须继续注重经济实力的积累。没有雄厚的经济实力，没有较高的生活水准，要想推动文化的大规模流动和增长，也是不可能的。文化对经济的这种依赖作用，依然不容忽视。否则文化就不在这里流动了，物的流动和人的流动没有了，城市的文化也就式微了。

这里我们再举一下扬州的例子。扬州的历史很长久，兴盛于汉，繁盛于唐，鼎盛于清。隋唐时期扬州在江淮之间"富甲天下"，是中国东南第一大都会，"烟花三月下扬州""春风十里扬州路""十里长街市井连""夜市千灯照碧云"等等都是当时名句，见证着扬州历史上的盛世繁华。后来由于兵灾战祸，扬州虽几经兴废，至明清时扬州的文化真正地"发达"起来。清代，康熙和乾隆多次"巡幸"扬州，使扬州出现空前的繁华，成为中国的第八大城市。从扬州"瘦西湖"得名可见一斑。它得名于汪沆的一首名为《瘦西湖》的诗：

> 垂杨不断接残芜，
> 雁齿红桥俨画图。
> 也是销金一锅子，
> 故应唤作瘦西湖。

瘦西湖原名保障湖、保扬河，这个名字一直延续到明代。到了乾隆几次南巡以后，扬州官员和盐商为助皇帝游兴，不惜重金沿湖筑园，乾隆极盛时有二十四景。当时这里集中了很多大盐商，变成销金一锅子，跟当年的杭州一样。"销金锅"，指杭州西湖，元代周密《武林旧事》曰："西湖天下景，朝昏晴雨，四序总宜，杭人亦无时而不游……日糜金钱，靡有纪极，故杭谚有'销金锅'之号。"汪沆，他也是扬州八怪之一黄慎的学生，看到江南很繁华，深感扬州之湖与杭州之湖比较，燕瘦环肥、异曲同工，于是作了这首诗。汪诗一出，"瘦西湖"之名遂流传开来。"销金一锅子"的扬州，商贸兴旺，经济繁荣，也是文人雅士荟萃之所，同样出了扬州学派，出了扬州八怪。这些都是经济繁荣带来流动性文化的证明。

参考文献

[1] 巴黎联合国教育、科学及文化组织. 联合国教科文组织世界报告：着力文化多样性与文化间对话[R]. 2010：193.

[2] 阿马蒂亚·森. 伦理与经济学[M]. 王宇，王文玉，译. 北京：商务印书馆，2000年：32.

[3] 马克斯·韦伯. 新教伦理与资本主义精神[M]. 于晓，陈维钢，等译. 北京：生活·读书·新知 三联书店，1987：49.

[4] 约翰·霍金斯. 创意经济：如何点石成金[M]. 洪庆福，孙薇薇，刘茂玲，译. 上海：上海三联书店，2006：2.

[5] 乔尔·科特金. 全球城市史[M]. 王旭，等，译. 北京：社会科学文献出版社，2010：24.

七

文化与科技结合的
深圳之路

党的十八大报告提出：扎实推进社会主义文化强国建设，强调要促进文化和科技融合，发展新型文化业态，提高文化产业规模化、集约化、专业化水平，增强文化整体实力和竞争力，推动文化事业全面繁荣、文化产业快速发展。

深圳在深入贯彻落实科学发展观过程中，积极实施"文化立市"发展战略，大力促进文化与科技的深度融合，实现了文化产业逆市飞扬、跨越式发展的喜人景象，努力争当"文化产业发展领头羊"，走出了一条"文化和科技结合起来"的创新之路。近10年来，深圳文化创意产业以年均近25％的速度发展，2011年文化产业增加值达875亿元，占GDP的8％，位居全国城市前列，成为全市支柱产业、战略性新兴产业和带动经济快速健康发展的重要引擎，为中国文化发展探索了一条成功道路。

"文化与科技紧密结合，创意与创新水乳交融"是深圳文化产业发展的基本特色和基本经验，也是抵御历次危机的根本法宝。从更宏观、更长远角度看，促进文化与科技结合，加快文化产业发展，是落实科学发展观，推动文化大发展大繁荣的一项重要课题，值得进一步研究和探讨。

一、文化与科技结合，是文化走向大发展、大繁荣的重要条件、基本内容和基本标志

文化与科技的结合，是一个历久弥新的话题，对这种结合的认识，有一个从自在、自发到自觉的过程。历史与现实证明，科技推动是文化发展的重要动力，文化与科技的紧密结合是文化大发展大繁荣的先决条件和基本标志。

首先，文化与科技的互动是人类社会文明演进的主旋律。纵观人类历史，文化的发展始终与科技进步紧密联系在一起。农业社会时期，古代中国的四大发明，特别是造纸术和印刷术，大大降低了学习的成本，提高了知识传播的效率，推动教育从贵族向平民社会迅速普及，社会生产力随之得到提高。17世纪、18世纪的西方，由培根、莎士比亚等人所推动的人文主义思潮，为牛顿等科学家进行科学探索并提出新的理论提供了优越环境，加上海上贸易的扩大和市场意识的形成，为纺织机、蒸汽机等技术的发明和产业化创造了有利条件，从而将人类带入了工业革命的崭新时代。而20世纪下半叶以来的信息技术革命，特别是互联网技术的不断升级和广泛应用，更是极其深刻地改变了人们的工作和生活

方式，催生出新的文化样式，精彩纷呈的文化产品和文化消费，无一不是文化与科技有机结合的产物。

历史表明，科技是文化形态演进的催化剂，科学技术的每一次重大进步，都会给文化发展带来革命性变化。当今时代，科学技术迅猛发展，不断孕育和催生着新的重大突破。目前，我国正在深入实施建设创新型国家战略，推动经济社会发展走上科技创新驱动的轨道。抓住科技发展进步的难得机遇，加快推进文化与科技的融合，是实施创新型国家战略的应有之义，是建设文化强国的必然要求，有利于转变经济发展方式、促进文化又好又快发展，有利于丰富文化样式业态、满足人们多样化文化需求，有利于掌握文化发展的主动权、提升中华文化的影响力。

第二，文化与科技紧密结合是西方国家摆脱危机的重要经验。20世纪末以来，世界经济动荡不宁，经历了亚洲金融风暴、国际金融危机和当前欧债危机。经济危机给文化科技产业带来了巨大挑战，也蕴含着加快发展的重大机遇。日本在亚洲金融风暴发生后，大力促进产业结构调整，实施"文化立国"战略，制定了《振兴文化艺术基本法》及其《基本方针》《文化产品创造、保护及活用促进基本法》，打出"将美国霸占全球文化产业剩下的那一半收入囊中"的口号，以动漫为突破点，发展成有世界影响的文化产业大国。韩国仅用短短5年，就从亚洲金融危机谷底中再度崛起，又一次创造了经济奇迹，其背后正是政府力推文化科技产业起到关键性作用。韩国在网络基础设施建设上十分迅速，但更把发展网络游戏等作为关键，作为21世纪的核心产业，不仅要将其培养成重要的出口行业，还要借游戏和影视剧向全世界推广韩国文化。

面对近年来的欧债危机，法国积极扶持文化创意产业应对，2012年的文化预算不减反增，政府坚定表示"文化预算不能减少一分一厘，因为文化可以有效抵御经济危机"；其文化部工作重心之一就是资助并推动文化行业的数字化，电影产业成绩斐然，连续4年稳步增长，2011年观影人次破45年来最高纪录，并有450部影片在海外放映，收入同比增长10%；艺术品拍卖市场行情不降反升，丝毫没有受经济危机重创，并连年创下骄人的销售业绩。英国更是这方面典型，1997年最早提出"创意产业"概念，近年来相继发布《创意英国》《数字英国》报告，提出打造全球创意产业中心。创意产业已成为其经济引擎、就业人口最多产业，超过任何一种传统制造业产值，即使在最严峻的2009年，创意产业外贸额达 89 亿英镑，占出口总额 10.6%。刚刚落幕的伦敦奥运会，给人留下最深刻印象的是展示了英国创意产业的强大实力，今年伦敦创意产业产值将超过金融业而成为第一产业，正成为"世界卓越的创意和文化中心"；工业革命发源地之一曼彻斯特，实施"创意之都"发展战略，打破了经济衰落局面，城市华丽转身，成为有重要影响的创意产业集散地。

第三，文化与科技紧密结合是新兴城市文化发展的必然选择。近年来，我国文化建设呈现出前所未有的发展态势，究其原因，一靠改革，二靠科技，这种现象在新兴城市尤为明显。新兴城市文化底蕴并不深厚，文化资源相对薄弱，但却能在经济快速发展的同时，实现文化崛起，特别是文化产业的飞跃，在新兴文化领域占领制高点。深圳就是这方面的典型：市场经济发育早，具有文化发展的雄厚经济基础和市场环境；位置特殊，是对外开放的窗口和中外文化的桥梁；典型的移民社会，具有包容创新的良好文化生态；特别是高新技术产业起步早、水平高、实力强，国内很少有城市能相提并论。而现代科技不仅创造了巨大的物质财富，也推动了与之相适应的新型文化理念和模式的形成。

深圳并非文化资源大市，但文化建设能够"弯道超车"、后来居上，关键是较早形成了文化科技自觉意识，坚持文化与科技的高度融合，走出了一条文化与科技结合的创新之路，建立创新型文化形态。新兴文化业态是文化与科技结合的最新产物，是文化产业中最具潜力的部分，也是我们发挥后发优势、实现赶超的关键所在。深圳的文化领军企业都有一个共同的特征，既是深入文化核心层的创意企业，也是运用最新科技手段的高科技企业，实现了文化与科技的紧密结合，在创新和创意方面有着独特的建树。作为深圳"率先而为"且"最具特色"的文化建设，由文化科技的自觉推动文化建设的全面自觉，从而为新的发展战略赢得了宝贵时间，创造了高科技含量的"新兴文化"城市形象，体现了保障市民文化权利与维护国家文化主权的高度统一，实现了新兴城市文化的"跨越式发展"和"先导性创新"。

从更深层次看，这符合"文化是流动的"基本规律，流动性是文化的一个重要品性，是文化发展的原动力。作为新兴城市，在存量不多的现实面前，更应注重文化增量的快速积累，努力把今天的文化增量转变为明天的文化存量。因为城市文化竞争，是文化存量之间的竞争，但更是文化增量之间的竞争。深圳作为迅速崛起的移民城市，缺少历史悠久的城市文化记忆，但并不缺少个体多元的文化记忆。恰恰因为此，思想开放活跃，没有因循的惯性，也没有依赖的惰性，便于进行大胆创新，迅速占领文化发展的制高点，不仅创造了经济奇迹，也创造了文化奇迹，取得了文化发展上的令人瞩目的"深圳速度"和"深圳质量"。

二、文化与科技的融合创新，是深圳文化产业发展的重要命题和基本路径

作为中国最年轻的标志性城市，深圳不比继承比创新，一张白纸画新图，从文化与科技的结合上别开生面，创造了文化与科技紧密结合的新型文化业态，使深圳文化迅速崛起，并与北京、上海等一流城市鼎足而立。

一是深圳在全国较早实行文化科技自觉。深圳市委、市政府对文化科技产业发展极为重视，对文化与科技的融合创新觉悟较早、认识深刻。以超前眼光和全新理念，制定和实施"文化立市"战略，意识到文化与科技结合是铁律，是文化企业发展的根本出路，是文化建设中的重要力量，将文化科技产业作为现代产业体系建设的重要内容加以推动，近10年来出台了一系列扶持

政策和措施，推动文化产业和文化事业大发展。

2003 年，深圳在全国率先确立"文化立市"战略，文化和科技开始进入自发结合的阶段，以信息技术为代表的高新技术开始全面参与文化建设，从电子政务、数字娱乐、现代图书馆等具体领域入手，使文化项目开始主动与科技发展衔接。

2004 年，首届"文博会"在深圳成功举办，作为全国唯一的国家级、国际化、综合性的文化产业博览会，成功打造了文化与科技相结合产业发展的展示、交易和信息平台。

2005 年，深圳市第四次党代会首次明确提出"把文化产业培植成为第四大支柱产业"，打造"图书馆之城""钢琴之城""设计之都"等"两城一都"高品位城市。召开建市以来首次高规格的文化产业工作会议，为文化科技自觉指明了方向。

2006 年，深圳专门成立了市文化产业发展办公室，颁布了《关于加快文化产业发展若干经济政策》《关于扶持动漫游戏产业发展的若干意见》《关于建设文化产业基地的实施意见》《文化产业发展专项资金管理暂行办法》等系列文件，为文化科技结合营造了良好的政策环境和氛围。

2007 年，以文化产业发展为核心内容的两大纲领性文件《深圳文化产业发展"十一五"规划》和《深圳文化产业发展规划纲要（2007 ~ 2020）》正式出台，重点突出了未来文化产业发展中文化和科技结合的具体要求。组建华强文化科技集团，率先提出"文化科技产业"的概念，确定了"以文化为核心，以科技为依托"的核心理念，形成了"文化 + 科技"的新型产业发展模式。

2008 年，召开全市文化产业园区和基地建设经验交流会，总结提炼出了"文化与科技紧密结合、创新与创意水乳交融"的文化发展之路。在国际金融危机中，腾讯、华强文化科技、网域、雅图等深圳一大批文化科技企业迅速成长，文化产业在经济寒冬中逆市飘红、生机勃勃，显示出强大的生命力。

2009 年，召开全市重点民营文化企业座谈会，强调"文化 + 科技"的"华强模式"为中国文化产业发展探索了一条成功道路，新兴文化科技产业是最具发展潜力的高端产业，是中国文化产业发展的希望所在。文化科技型企业结硕果，一批文化科技企业走向全球，成为推动中华文化"走出去"的市场先锋，深圳文化辐射能力大大增强。第三届中国文化创新高峰论坛暨第三届文化部创新奖颁奖仪式在深圳举办，"市民文化大讲堂"和"城市街区自助图书馆"两个项目获奖，数量居全国前列。

2010年，首届中国演艺科技高峰论坛暨"演艺文化的科技支撑和本体开拓"经验交流会在深圳举行，就文化与科技融合问题进行了广泛交流。出台《关于全面提升深圳文化软实力的实施意见》，以市委文件形式强化了"文化＋科技"的产业导向，鼓励文化产业利用高新技术改造升级。举行首批"文化＋科技型示范企业"授牌仪式，促进文化科技产业更好、更快地发展。

2011年，深圳市"十二五规划"将文化产业定为战略性新兴产业，提出要坚持科技创新与产业化相结合，以"文化＋科技""文化＋时尚"为特色，大力发展文化创意产业。率先颁布实施《文化创意产业振兴发展规划》及其配套政策，把强化科技创新支撑作为两大主攻方向之一，提出要加强对文化科技型企业的政策扶持，积极推进文化与科技相融合，大力培育新兴文化业态，推出更多兼备科技含量与文化含量的新兴文化产品。

2012年，以市委、市政府名义专门召开"深入实施文化立市战略建设文化强市工作会议"，印发《关于深入实施文化立市战略建设文化强市的决定》，认真总结了"文化＋科技"模式，提出加大文化科技创新力度，加快构建以"高、新、软、优"为特征的现代文化产业体系，争当文化产业龙头大市，提升文化强市实力。在第八届文博会上，中宣部、科技部专门在深圳召开文化与科技融合座谈会，深圳被评为首批国家级文化和科技融合示范基地，深圳经验受到全国的关注和赞誉。

二是深圳具备加快发展文化科技产业的良好基础。深圳作为新兴移民城市，高科技发达，多元包容的现代文化和创新型城市的浓厚氛围，使得发展文化产业具有独特优势。凭借这个优势，深圳选择了"文化＋科技"的道路，改变了文化积累和沉淀的方式，解决了文化底子薄弱和资源不足的问题，推动文化产业跨越式发展，促进文化繁荣。

在技术力量支撑方面。深圳高新技术产业发达，企业研发能力强，创新科技赋予传统文化以新形式、新内容，使创意得到最大限度的发挥，为文化科技产业发展提供了雄厚的技术支撑。据统计，2011 年全社会研发投入占 GDP 比重 3.66%，达先进国家水平，发明专利申请居全国第一位，PCT 国际专利申请量占全国 45%，自主创新能力日益增强。

在市场主体支撑方面。经过 10 多年的发展，深圳一大批民营文化科技企业异军突起，如华强文化科技、腾讯、雅图、迅雷等，成为具有较强竞争力和较大发展潜力的市场主体。

在人才支撑方面。今天的深圳，在动漫游戏、设计、互联网等文化产业各领域，都吸引和培养了一大批英才，这是发展文化科技产业的一笔巨大财富。如全市有12万多名设计师，世界平面设计师协会成员中有6位来自中国，其中3位是深圳人。

在环境支撑方面。深圳文化产业特别是创意设计方面得到了国际承认。2008年联合国教科文组织正式批准深圳加入全球创意城市网络，深圳被授予世界第七个、中国第一个"设计之都"称号；2010年主办"联合国教科文组织创意城市网络国际大会"；2011年"联合国教科文组织深圳创意新锐奖"永久落户深圳。通过创意领域合作交流的最权威、便捷平台，以更宽广的国际视野，引领珠三角乃至全国文化科技产业潮流。

三是深圳成功走出了一条"文化＋科技"的发展新路。在实践中，自觉利用科技发展的最新成果，深度挖掘、整合、联动相关产业资源，形成"文化＋科技"的新模式，抢占文化产业制高点，提升了城市文化的影响力和竞争力。

文化产业与高新技术产业相互渗透，不断催生新兴业态。以科技创新为主攻方向，推动文化产业结构优化升级，率先提出"文化科技产业"概念，诞生了第一家以"文化科技"冠名的企业——华强文化科技集团，共认定了32家"文化＋科技型示范企业"，一大批文化科技品牌竞相产生；大力构建以企业为主体、市场为导向、政产学研用相结合的文化科技创新体系，建设了446家重点实验室、工程实验室和企业技术中心，形成200多家产业共性技术和检验检测平台，依托先进的创新体系，催生出数字内容、文化软件、动漫网游、创意设计等新兴业态，演艺、印刷、工艺美术等传统业态也在与科技的融合中，走向高端、获得新生。

文博会与高交会交相辉映，有效激发产业集聚效应。首创文博会、高交会，打造国际性的文化与科技博览交易平台，促进文化科技产品及成果交易和产业化，孕育了大批文化科技企业；与之相配套，还建立了文化产权交易所，设立高新投、创新投等创业投资机构，参与发起中国文化产业投资基金，将投融资服务覆盖产业发展全过程；作为文博会、高交会的延伸，规划建设了一批集聚带动效应的文化创意产业基地，深圳高新区更是聚集了237家文化科技企业，全市有11家文化科技企业被认定为国家级文化产业示范基地，成为文化科技融合发展的"孵化器"和"加速器"。

文化服务与科技创新协同推进，更好实现市民文化权利。在深圳，科技不仅融入文化产业，也融入市民文化生活中。借助高科技，推进文化资源数字化，丰富公共文化服务形式，提高公共文化服务效率和水平，最大限度实现了全民文化共享，更好保障了市民文化权利。如遍布全市的24小时自助图书馆，创造了集节约化、智能化、便捷性于一体的新型图书馆形态；"市民文化大讲堂""全民阅读网"等文化品牌，借助先进传播手段，使高端文化服务惠及更多市民。

文化人才与科技人才深度互动，打造复合型人才队伍。大力实施"孔雀计划"和高层次人才队伍"1+6"政策，举办国际人才交流大会，积极引进高水平创新、创意团队，培养实践型、复合型人才，夯实"文化＋科技"的人才基础；在深圳文化科技企业中，既汇集了创意、美术、音乐、电影等文化人才，也集中了信息技术、自动控制等科技人才，他们之间的互动与合作，为文化科技产业带来了灵感和梦想。

三、推动文化与科技紧密结合，是党委、政府和文化企业的共同责任

在社会主义市场经济条件下，产业结构的调整和优化升级要充分发挥政府和企业两个方面的积极作用，调动政策和市场两种优势资源。作为具有意识形态和市场经济双重属性的文化产业，各级党委必须牢牢把握好其发展方向。多年来，深圳市委市政府按照社会效益和经济效益相统一的原则，在政策、服务、法制、市场、人才、文化舆论等方面营造了有利于文化产业发展的良好环境，培育出一批具有国际竞争力、自主创新能力强、技术先进的优秀文化科技企业群体，为全国的文化产业发展提供了示范和借鉴。这说明，深圳是文化科技企业发展的一块沃土。

但也要看到，我市文化科技产业发展环境仍然有待进一步完善：相关部门对发展文化产业的认识程度不一，政策扶持还存在薄弱环节，尚未形成合力；一些部门对民营企业仍然存在偏见，民营文化企业在获取土地、资金、人才等生产要素的渠道上还存在一些障碍。因此，需要进一步明确今后扶持文化科技产业加快发展的主要思路。

一方面，各级党委和政府部门要从优化扶持政策和资源配置等方面入手，深入了解文化科技企业的需求，认真研究和破解企业面临的发展难题，进一步完善促进文化科技产业发展的政策措施，努力提供优质服务，全力推动文化科技企业做强做大。

一是抓重点。文化科技产业发展的重点是打造领军文化企业，包括具有行业领先地位、国际竞争力强的行业领军企业，自主创新能力强、技术先进、主业突出的行业骨干企业，以及拥有自主知识产权、发展较快、产品市场前景好的优质成长企业。我们将重点支持发展创意设计、文化软件、动漫游戏等新兴产业，不断优化文化产业结构，建立国家级文化与科技融合示范基地，实施文化创意产业"百强振兴计划"；并针对不同类型、不同发展阶段的企业分别给予个性化、针对性的扶持和服务，切实帮助它们解决实际困难，力争在文化科技企业中培育出一批像华为、中兴一样的优秀企业，形成更加强大的企业梯队，不断增强深圳文化科技产业的整体实力。

二是抓难点。土地问题、融资问题、服务问题是深圳文化科技企业集中反映的热点、难点问题，也是优化相关扶持政策的着力点。当前，深圳土地资源十分紧缺，如何在紧缺条件下满足文化科技企业发展的空间需求，需要从增量供应和存量挖潜，主要是在三旧改造等方面创新思路，取得突破。同时，高起点规划建设好国家级创意产业园区，推动文化科技产业的规模化、集聚化发展。针对企业融资难问题，推动深圳文交所先行先试，进行文化产权交易方式探索，发挥示范引导作用；推动中国文化产业投资基金发挥好文化产业领域战略投资者的积极作用，拓宽文化企业投融资渠道。同时，根据文化"走出去"发展战略，全力办好文博会，努力争创新优势，将其打造成"展示文化改革发展成果、促进中外文化交流合作的亮丽名片"和推动中华文化"走出去"的重要平台；鼓励银行体系针对大型文化产业项目出口，提供包括买方信贷在内的多种金融支持。在提供优质服务方面，主要是帮助企业充分利用好国家和省对于文化产业、高新技术产业的优惠和扶持政策，落实《深圳文化创意产业振兴发展规划》及其配套政策，带领"深圳队"积极争取国家重大项目，用足用好产业发展专项资金，重点支持企业自主创新，加快打造公共技术平台和公共服务平台。

三是抓宣传。通过各种有效传播途径和方式，形成有利于文化科技产业发展的强大而热烈的宣传攻势和良好社会氛围。积极协调新闻媒体，对于文化科技企业在转变城市经济发展方式、提升城市发展质量和品位、打造自主知识产权品牌等方面，进一步加强全方位的国内外宣传推广，不断提升深圳文化科技企业在国内外的品牌形象和影响力、竞争力。

另一方面，文化企业作为发展文化科技产业的市场主体，则要在搞好经营的同时，树立产业报国、文化报国的理念，以做强做大民族产业、弘扬民族文化为己任。在这个社会转型的时期、特殊的领域，我们的文化企业肩负着多重责任和国人的多重期待，不仅是经济责任、科技责任，还有文化责任、社会责任。企业要胸怀祖国、志存高远，自觉地把自身的发展与国家民族的命运紧密地结合起来，肩负起发展民族经济、弘扬民族文化的重任，为中华民族的振兴做出更大贡献。

实现中国文化产业走出去的目标，我们的文化产业就绝不能成为一个代工产业，而一定要有自主创新的品牌和科技含量高的原创性产品。要面向世界，勇于参与国际竞争，努力打造具有自主知识产权的文化产品和自主文化品牌，在文化产业领域"加快培育我国的跨国公司和国际知名品牌"，扩大我国文化产品和服务在国际市场的份额。特别值得注意的是，深圳的文化科技企业在发展中一定要以文化内容为灵魂，让自己的文化产品和服务融入中国元素、中国文化、中国价值观，这才是真正的中国人的原创，这样的产品能够走向国际市场并取得成功，才是中华文化的真正胜利。文化企业要成为推动中华文化和中国价值观"走出去"的市场先锋，善于通过经济活动和市场行为，提升中国在国际社会的文化话语权、科技话语权和经济话语权，增强中国价值观的输出能力，提升中华文化在全世界的影响力。

同时，文化和科技的发展日新月异，文化科技企业面临着"千帆竞发、百舸争流"的激烈竞争态势，文化科技企业必须不断提高自身素质和经营管理水平。要以自主创新为依托，依靠科学的理念，准确分析产业趋势，敏锐把握市场机会，寻找适合自身发展的有效商业模式，锻造企业的核心竞争力，从而在市场搏击中做强做大，推动深圳文化科技产业迈上新的台阶，成为引领全国文化产业发展潮流和方向的先锋力量。特别是面对西方强大的资本、技术和市场优势，我们要参与国际文化市场竞争，并占有一席之地，迫切需要强化企业经营管理。要努力熟悉和掌握世贸组织关于文化产品和服务贸易的规定，熟悉和掌握国际文化市场准入和竞争规划，熟悉和掌握国际知识产权保护等相关法律知识，提高运用国际通行规划维护文化和科技权益、规避风险、保护和发展自己的能力。要密切关注世界文化产业和文化市场的发展趋势，认真研究借鉴国际大型跨国文化企业的经营管理模式，确立科学的经营策略，更好地扬长避短，发挥比较优势，努力赢得国际市场、赢得国外受众。

可以预期，随着科学技术的不断进步，人类的文化生态、文化类型、文化传播方式，将越来越千姿百态，乃至发生革命性的变化。这种变化趋势不受地域和国家的限制，将最终融合各种文明，缔造出崭新的人类文明，人类将享有空前的文化繁荣。而这一切最有价值的部分，就是各种文化作品的原创性，是每一部作品文化与科技相结合的、具体的精微形式。正如古人在各种器物上巧夺天工的工艺水平一样，文化与科技相结合而诞生的作品、产品，也将诞生出光彩熠熠的种种精品，从而不断丰富人类文化的创造宝库。中华民族正站在新的文化宝库的大门前，让我们以生动的"文化＋科技"的创造，去继续书写我们引以为傲的五千年文明史吧！

（本文刊载于《人民论坛》2012 年 34 期）

八

加快文化强市建设，争当文化改革发展领头羊

作为经济特区和改革开放的试验田，深圳的文化建设一直以来得到了党中央的巨大关怀。自 2003 年被列为全国首批 9 个文化体制改革综合性试点地区之一以来，深圳已经连续 3 次被通报表彰为"全国文化体制改革工作先进地区"。2011 年 8 月，胡锦涛总书记在出席深圳第 26 届世界大学生夏季运动会开幕式期间，专门考察了深圳的文化建设，要求深圳做好文化改革发展这篇大文章，争当文化产业发展的领头羊。李长春、刘云山、刘延东等中央领导同志也多次考察深圳，要求深圳树立更大目标，在文化建设方面努力走在全国前列。党中央的关心支持和殷切期望，是深圳文化改革发展最有力的保障，是特区迅速成长为一片郁郁葱葱的"文化绿洲"的强大引擎。

文化是一座城市发展的根基、灵魂和强大精神力量，也是最需要改革创新的领域。在中央和广东省的正确领导下，深圳秉承"敢为天下先"的特区精神，率先提出并实施"文化立市"战略，以较早的文化自觉争得宝贵机遇，并将创新贯穿文化改革发展的全过程，以创新抢先机、谋发展、促跨越。

一是创新观念，以先进文化理念推动文化实践。按照中央关于文化体制改革的有关精神，坚持解放思想，大胆创新，相继提出了以文化论输赢、以文明比高低、以精神定成败，"拼文化""拼创意"，锻造创新型、智慧型、力量型城市主流文化等一系列新的文化理念，提炼和弘扬深圳在改革开放时代大潮中凝聚形成的"十大观念"，像抓经济体制改革那样抓好文化体制改革，以强烈的文化自觉和高度的文化自信，推动文化改革发展。

二是创新体制，切实转变政府文化管理职能。一方面做好"加法"，出台《文化创意产业振兴发展规划》及其配套政策，强化政策调节、市场监管、社会管理、公共服务职能；一方面做好"减法"，降低文化市场准入门槛，市级文化行政审批事项从 102 项精简到 11 项，着力解决政府在文化领域管理和服务上"越位"和"缺位"问题，推动政府文化管理职能从注重微观管理向加强宏观管理转变。

三是创新机制，大力激发文化发展活力。完善文化单位运行机制，34 家经营性文化事业单位全部转企改制，10 家公益性文化事业单位完成内部"三项制度"改革，深圳交响乐团、图书馆等单位探索建立理事会制度，涌现出华侨城演艺集团、福永杂技艺术团、民工街舞团等一批国有、民营和社会化多种体制并存的优秀文艺院团。做强做大国有文化集团，着力推进"效益集团"建设，逐步形成了科学化、规范化的国有文化资产监管体系。积极引入市场机制，广泛引导社会力量办文化，对"读书月""市民文化大讲堂""创意十二月"等品牌文化活动，实行政府采购、社会团体承办的运作模式，取得良好效果。

四是创新服务，努力保障市民文化权益。建立文化享受服务体系，首创公益性文化场馆免费向公众开放，对高雅艺术进行票价补贴，使市民能够以零费用或低票价享受文化艺术熏陶。建立文化参与服务体系，每年组织各类文化活动 10000 余场次，公益电影放映 14000 余场，受惠市民 1000 余万人次。把人民群众当作和谐文化建设的主体，连续 9 年组织"关爱行动"，使深圳成为一座爱心之城。建立文化创造服务体系，歌曲《春天的故事》《走进新时代》《走向复兴》《迎风飘扬的旗》等唱响了改革开放的时代主旋律。

五是创新业态，积极推进文化科技融合。充分发挥高科技城市优势，探索出"文化＋科技""文化＋创意""文化＋金融""文化＋旅游"等产业发展新模式，积极推进文化与科技的深度融合，培育了华强文化科技、腾讯等一批文化科技型领军企业，打造出华侨城等 11 个国家级文化产业示范基地。在中宣部和各主办单位的大力支持下，成功举办八届文博会，累计总成交额逾 6400 亿元，成为中国文化产业第一展。深圳文交所被赋予先行先试的重要使命，参与发起设立首支国家级大型文化产业投资基金，文化投融资体系建设日趋完善。2011 年，全市文化创意产业增加值占 GDP 的比重达 8%，继续保持快速健康发展态势。

党的十七届六中全会吹响了建设文化强国的进军号，也为深圳文化改革发展指明了前进方向。站在新的起点上，打开深圳的文化蓝图，我们信心倍增、干劲十足。市委明确提出，深圳不仅要在经济建设上不断创造奇迹，还要按照中央的要求和部署，在文化改革发展上大胆走在前列。

一是在建设社会主义核心价值体系方面走在前列。始终坚持马克思主义指导地位，坚定中国特色社会主义共同理想，大力弘扬以爱国主义为核心的民族精神和以改革创新为核心的时代精神，牢固树立和践行社会主义荣辱观。立足特区改革开放和精神文明建设的特色，深入宣传推广深圳"十大观念"，传承中华优秀传统文化，弘扬"大运精神"，在社会主义核心价值体系的研究建设方面做出深圳应有的贡献。

二是在深化文化体制改革方面走在前列。牢记特区的特殊使命，树立"跳出文化看文化、放眼全局抓文化"的理念，主动将文化融合于经济社会发展的各个方面，体现在城市建设的各个领域，在文化体制改革上探路破冰，力争上游，不断推进改革向纵深发展，探索建立公共文化服务管理新体制、文化产业发展等重点领域新的改革举措，努力消除制约文化建设发展的体制机制障碍，发挥好改革的示范先导作用，为文化繁荣发展提供强大动力。

三是在发展公益性文化事业方面走在前列。大力实施"音乐工程""影视工程"，打造"文艺深军"，以特区文艺精品表达国家立场和中华文化、民族精神，创作生产更多无愧于历史、无愧于时代、无愧于人民的优秀作品。完善公共文化服务体系，加强基层文体设施建设和文化服务，努力形成"十分钟文化圈"和"一公里文化圈"，让所有市民都能方便地享受基本文化服务，建设和谐文化，打造全国公共文化建设的示范区。充分发挥市场在文化资源配置中的积极作用，进一步引导社会各阶层人士积极参与文化管理，大力支持民营企业、社会资本参与文化改革发展，建设生机勃勃的文化热土和独具魅力的文明之城。

四是在做强做大文化产业方面走在前列。以文化创意和科技创新为支撑，以文博会为平台，将文化创意产业确定为重点和优先发展的战略性新兴产业，优化提升"文化＋科技""文化＋创意""文化＋金融""文化＋旅游"发展模式，扶持培育一批掌握核心技术、具有国际竞争力的龙头文化企业，打造一批在国内外有较大影响的自主文化品牌，推动文化产业跨越式发展，使深圳成为文化产业龙头大市，努力当好转变经济发展方式、推动科学发展的排头兵。

　　五是在推动中华文化"走出去"方面走在前列。充分利用深圳独特的区位优势，把"引进来"和"走出去"更好结合起来，深化与香港、澳门的文化合作，加强文化领域的国际交流与合作，广泛借鉴国际上优秀文化发展成果、理念和经验，提升深圳文化的国际化水平。大力发展现代传播体系，努力将深圳报业集团、广电集团、出版发行集团建设成为一流的现代大型文化传媒集团，提高社会主义先进文化辐射力和影响力。不断做强做大文博会、深圳文交所、中国文化产业投资基金等国家级文化产业发展平台，努力扩大我国文化产品和服务的国际市场份额，使深圳成为中华文化"走出去"的重要基地。

为全面贯彻落实十七届六中全会和本次全国文化体制改革工作会议精神，深圳于 2012 年 2 月 29 日召开深入实施文化立市战略建设文化强市工作会议，对文化建设进行再动员、再部署、再落实，真正当好文化改革发展的领头羊，朝着率先实现社会主义文化大发展大繁荣的方向努力奋进，为我国建设社会主义文化强国做出新的探索和贡献。

（本文刊载于 2012 年 9 月 27 日《深圳特区报》）

九

作为样本的深圳文化

人们谈论深圳时往往存在两个误区，一是将深圳看成一个"经济动物"，二是以为深圳发展的时序是，先有经济后有文化，或者只有经济没有文化。

改革开放之初，深圳、珠海、汕头、厦门一起成为经济特区。都是经济特区，为何深圳一枝独秀？流行的解释是因为只有深圳毗邻香港，潜台词是地缘优势使然。这一解释貌似正确，并无可辩驳。实际上，其中最根本的谬误在于，没有看到地缘、经济背后的文化的力量。

观念文化、文化立市、文博会和深圳读书月是解读深圳文化的重要密码。

深圳的成功，首先是因为观念作为文化在这片热土上走在实践前面。这不仅是因为"经济特区"一开始就是观念的产物，更是因为深圳的"敢想敢试敢干"，深圳的视角首先放在土地、法律上，立法走在实践前面。

深圳的发展中，最值得肯定的是观念的创新。深圳是很多影响当代中国的观念的发源地。深圳的观念的勃兴，不能否认得之于改革开放的伟大社会变革和社会实践，而深圳作为改革开放的"窗口"，得风气之先，受外来文化影响较深也是其中的重要原因。深圳之所以能够产生新观念，是因为这座移民城市的传统观念相对淡薄，是因为这座前沿城市的文化具有开放、多元的特征。我们说，深圳是解放思想的产物，深圳经济特区就是在冲破种种思想藩篱中横空出世的；深圳又是思想解放的闯将，"敢为天下先"。30多年来，深圳正是以大无畏的气概，想常人所不敢想，行常人所未敢行，"闯"入一个个传统观念的禁区、雷区，引燃一个个振聋发聩的思想观念大爆炸：关于特区姓"社"姓"资"问题的争论、关于"时间就是金钱，效率就是生命"的大讨论、关于特区是否继续"闯"的分歧和争辩……这些先进的观念成为当时中国思想界最受关注的前沿突破，吸引了成千上万的新移民来到深圳这块陌生的土地上开发创业，开辟了特区改革发展的新路径，开拓了新思想、新观念的发展空间，使人的思想观念和精神状态进入了一个新境界，推动了深圳经济的超速发展和社会的全面进步。

深圳对于国家的意义在于，她促进了一系列完全不同于计划经济的新观念、新价值的诞生和社会文化的当代转型。这既可看作深圳在观念层面（尤其是市场、商业价值）对全国的启蒙过程，也可看作深圳这座新兴的现代化城市在观念文化上极具创新性、开放性的最初展现。

正是这些观念文化所产生的影响力和感召力，凝聚着深圳文化的创新、智慧、包容和力量。

在观念文化的引导下，改革创新成为深圳发展的主旋律。观念文化的力量首先在经济体制改革中充分体现。

深圳的改革以市场化为中心取向，围绕以公有制为主体，各种经济成分公平竞争、共同发展的多元化所有制结构，对传统的行政体制、财政与投资体制、基建体制、价格体制、计划体制、劳动与工资制度等进行了大刀阔斧的改革。可以说，这一系列的市场化改革不仅奠定了深圳迅速发展的制度基础，为中央1984年提出"有计划的商品经济"和1992年确立"社会主义市场经济"提供了经验借鉴。

20世纪90年代以来，深圳在经济领域的发展，最大的亮点在于推动高新技术产业、现代金融业和现代物流业三大支柱产业的崛起。以高新技术产业为例，在80年代深圳的工业化初期，工业技术含量低，90%的企业是劳动密集型企业；而在1992年因房地产、股市和贸易滑坡而导致经济低迷后，深圳市委、市政府深刻把握全球经济发展新趋势，做出了"弃低从高"的产业升级战略决策，将目光投向了日新月异的高新技术产业，开启了深圳高新技术产业迅猛发展的历史。如今，深圳已成为世界重要的现代制造业基地，高新技术产业已成为第一大支柱产业，2012 年产值高达 1.29 万亿元；同时，作为中国的科技产业中心，深圳不仅拥有被称为中国科技第一展的"高交会"，而且涌现了华为、中兴、腾讯、富士康、比亚迪等国内外知名的创新型高科技企业品牌。另外，在现代金融业发展上，深圳不仅拥有中国两大证券交易所之一的深圳证交所及数量、规模均位居全国前列的证券、基金和保险公司，而且是中国最具活力的金融创新中心。在现代物流业上，经过外向型经济的多年发展，深圳已成为中国最繁荣的现代商业中心之一：深圳出口额连续 20 多年位居中国城市之首，深圳港集装箱吞吐量位居全球第三，成为深圳实现全球开放性发展的重要支柱。

经济领域的改革创新发展及其所取得的成就，无疑显现了深圳在城市文化性格上极大的创新性和进取心。如在自主创新方面，虽然在深圳由国家、政府兴办的高校、科研机构很少，基础科学研究力量相对薄弱，但科技创新转化的能力在全国却是首屈一指，而且这种基于产学研一体化的科技创新转化能力绝大部分是由最具活力的民营企业来开发完成的，形成了深圳以企业为主体的自主创新体系及特色：一是 90% 以上的研发机构设立在企业；二是 90% 以上的研究开发人员集中在企业；三是 90% 以上的研发资金来源于企业；四是 90% 以上职务发明中的专利出自企业。2012 年，深圳全社会研发投入占 GDP 比重提高到 3.81%，国际 PCT 专利申请量 8024 件，占全国 40.3%，连续 9 年居全国首位 [1]；作为其中的杰出代表，华为公司最近 10 年的研发费用已超过 1300 亿元，其 2012 年研发费用支出为 300.9 亿元，占销售收入（2202 亿元）的比例达 13.7%，累计申请中国专利 41948 件，国际 PCT 专利申请 12453 件，外国专利申请 14494 件，专利授权 30240 件。[2]

可以说，观念文化引导下的创新作为深圳的生命线和灵魂，已深深地熔铸为深圳经济社会发展的内部机能，成为深圳城市文化的核心价值。深圳 30 多年来所取得的巨大成就，从根本上说就是来自改革创新：从建立经济特区的"国家创意"与战略试验，到对计划经济体制进行大刀阔斧的改革，从当初的"三来一补"低端制造业过渡到高新技术产业、现代金融业、现代物流业为支柱性产业，从依托劳动密集型工厂到涌现出华为、中兴、腾讯、平安、比亚迪等颇具世界影响力的创新型企业品牌，无不见证了改革创新为深圳发展所提供的不竭动力，无不体现深圳作为我国创新型城市建设所取得的巨大成效。

观念文化引导深圳创新、开放、宽容进取的文化性格的形成，又是与深圳独特的城市特征相联系的。作为改革开放以来中国最大的移民城市之一，深圳的人口从建立经济特区之初的 30 余万人，迅速扩展到如今总人口超过 1800 万的城市规模。[3] 作为移民之城，深圳具有纽约、上海等移民城市的普遍性，如开放、包容、多元、创新等，但也具有自身的特殊性，如深圳超大规模的人口集中是在短短 30 多年的时间内形成的，这在人类城市发展史上可谓绝无仅有；在人口构成上以二三十岁的国内年轻移民为主，具有青春城市的特色；在人口变动上，则具有高度的社会流动性，等等。概而言之，作为毗邻港澳的经济特区和移民城市，深圳从一开始就具有开放性、创新性的城市特征，而前来深圳打拼的年轻移民大都是怀着改变生活、改变命运的梦想者，由此形成了深圳在城市精神上的理想主义性格；移民城市也是价值宽容、文化多元的社会，尤其是经济的国际开放性和移民的高度流动性带来了文化资源的快速流动。而"流动性的文化"所具有的活力，也为深圳城市文化的创新性发展提供了前提和基础。而在社会发展领域，随着深圳外向型经济的发展，深圳全面以商业合同等市场契约为基础的国际规则接轨，不仅推动了政府的当代转型，也形成了一个相对成熟的商业社会，其结果是一批具有公民权利意识、自由选择观念和契约精神的社会群体的出现，不仅印证了现代社会的一般发展逻辑，也体现了深圳作为现代商业城市的市民精神。

假如说经济和社会发展为观念文化提供了试验场，那么就文化实践而言，通过追寻一条以创新型、智慧型、包容型和力量型文化为主轴的文化发展道路，深圳进一步形成了以理性、创造、包容、进取为鲜明特征的文化取向。

"文化立市"是深圳文化发展中的重要理念，也是深圳文化进步的重要节点，创新、智慧、包容和力量集中体现其中。

作为经济特区，深圳长期以来都是以其"经济形象"出现在世人的视野中。事实上，深圳也正是以其经济上的迅速发展和巨大成功奠定了其在中国乃至世界上的城市地位。但与此同时，除了经济上的追求，深圳在文化上的追求也极其突出。这一方面来源于自身文化根基的薄弱，只有致力于城市文化的更大发展，城市的现代功能才会日趋完善；另一方面，作为中国最具理想主义精神的城市，深圳的文化发展无疑是城市隐而不宣的内在精神动力，是深圳勇于进取的精神路向和自强不息的血气表现。作为其中的内核，这种自强不息的理想精神，由特区建立之初开拓、创新、进取的"拓荒牛"精神而衍生，并伴随深圳的发展壮大生发出更加丰富的历史内涵，并扩展到经济、政治、社会、文化等各个领域。

"文化立市"战略的提出，有国家发展的文化背景，也是深圳文化追求的必然结果，意味着深圳这座以经济特区为标签的城市里，政府和社会日益深刻的文化自觉，以及年轻的深圳面向未来的文化抱负。

在"文化立市"战略提出前后的文化实践中，深圳致力于城市文化发展理念和发展战略的创新，实现市民基本的文化权利、建构完善的公共文化服务体系，成为政府公共文化行政的核心理念。如"高品位文化城市"的提出，暗含与传达了这座年轻的移民城市高远的文化梦想；而"图书馆之城""钢琴之城"和"设计之都"——"两城一都"等策略的确定与实施，成就了城市鲜明的文化个性；将文化产业定位为第四大支柱产业和战略性新兴产业，则掷下了"以文化论输赢"的先手棋。

事实上，深圳文化建设从刚建立经济特区时的一穷二白，到"八大文化设施"的落成，从文化设施和文化服务的极度匮乏，到如今遍布全城的文化设施网络的日趋完善，以及各种极具创意的文化活动的广泛开展，正是 30 多年来深圳文化人以极大的文化创新精神和极强的文化使命感开拓出来的局面，反映了深圳不懈的文化追求。

最能体现"文化立市"中的创新精神的领域，或许是文化体制的改革。早在 1989 年，深圳文化部门就制定出台了文化体制改革方案，积极进行表演艺术团体等微观文化主体改革，逐步探索出一条从单一的"政府办文化"转向"社会办文化"的路子，同时在文化管理体制上将"小文化"管理改为"大文化"管理，率先在全国建立起集文化艺术、新闻出版、广播电视三位一体的"大文化"管理架构和文化市场的综合执法体制，为后来全国的文化大部制改革提供了模式借鉴。2003 年，以深圳被中央确定为全国文化体制改革综合性试点城市为契机，深圳一方面加强文化宏观管理体制改革，推动政府职能的"三个转变"，另一方面深化国有文化事业单位改革，推动 34 家经营性文化事业单位全部转企改制，10 家公益性文化事业单位完成内部"三项制度"改革，成立三大国有文化集团，探索了以三大集团为对象的国有文化资产监管模式。深圳在文化体制改革上所取得的进展和成效，不仅促进了深圳10多年来文化的发展繁荣，也得到了中央的高度肯定，连续4次获得了"全国文化体制改革先进地区"称号。

深圳文化产业成为全国文化产业发展的领头羊，也是深圳文化的创新、智慧、包容和力量要素集中体现的优秀成果。

在文化产业的发展上，文博会是一个广阔的平台和强有力的推手。这个展会的奇特之处在于它的主会场和分会场的联动机制，即在深圳会展中心一年一度地设置主展馆，展示和交易来自全国的文化产品，同时在深圳全市各区遴选出具代表性的文化产业园区作为分会场，同时参与展示和交易。这样做的目的是用一年一度地所形成的观展人流和采购商以及所形成的强大舆论场，培植和催生本地文化产业的成长。换言之，以国家级的文化产业平台带动深圳本地文化产业成长，又以本地的文化产业园区去支撑国家文化产业平台。

自2004年首届开始，文博会就被定位为我国唯一的国家级、国际化、综合性文化展会。谓其国家级，说明文博会代表的是一个国家的整体，不仅要展示我国东部经济发达地区的文化产业发展成果，还要对中西部地区起到辐射、示范、带动的作用。深圳每年都对中西部地区政府组团的展位面积、参展费用等予以倾斜，支持中西部地区丰厚的文化资源向优质的文化资本转化。从2010年开始，文博会已经连续5年实现"满堂红"，全国各省、自治区、直辖市及港澳台地区全部参展，10届文博会累计成交额超过1万亿元，很好地实现"展在深圳、花开全国"的目的。说到国际化，文博会自诞生之日起就肩负着推动中华文化走出去的重要使命。深圳面朝大海，积极开拓"海上丝绸之路"，在海外设立"文博会直通车"，举办推介活动，广招合作伙伴，文博会参展海外客商数和海外展区面积逐年增加，10届累计出口交易额突破了1000亿元，成为我国文化扬帆出海的桥头堡。与一般专业性展会不同，综合性是文博会非常重要的特点和优势，体现了对各种文化相关产业的包容和对新业态的引领，为文化产业与各相关产业的融合发展、创新发展创造了有利条件。2004年首届文博会举办以来，其不断优化参展比例与结构，重点引进和展示能体现文化产业发展前端和趋势、代表行业发展水平的项目，持续探索并催生出"文化＋科技""文化＋创意""文化＋金融""文化＋旅游"等新的文化业态。

到了第十届，新业态内容占参展项目的 70%，其中文化与科技融合项目成交额达 1183 亿元，超过总成交额的一半。文化产业与其他产业融合是大趋势，而文博会犹如催化剂，加速了这一融合进程。

读书月作为相对微观的文化活动，对于一些文化中心城市也许并不起眼，但其中传达着深圳作为新兴城市的文化追求，凝聚着创新、智慧、包容和力量。

如何在知识经济时代取得城市发展的优势？在我们看来，构建科学人文精神浓厚的学习型、知识型社会，提高广大市民的知识素养，显然是其不二法门。在这方面，深圳无疑是具有高度的文化自觉的。作为一座年轻的移民城市，深圳从一开始就具有极强的求知欲：我们如今还对 20 世纪 80 年代深圳图书馆人满为患的阅读图景和第七届全国书市在深圳举办时的空前盛况记忆犹新。正是基于这种强大的社会阅读需求，深圳 1996 年在罗湖金融区建成了全国第一座大型书城，此后又在南山区和福田区的黄金地段建成了南山书城和中心书城。三大书城的建成，不仅极大地缓解了深圳人的知识需求，而且强力推动了深圳阅读风气的形成，深圳连续 20 多年成为全国人均购书量最大城市，就是最好的证明。

为了更好地满足市民的阅读文化需求，建设完善的公共文化服务体系，深圳 10 年前提出了建设"图书馆之城"的发展目标。如今，"图书馆之城"建设已取得重大进展，不仅拥有 639 个市、区、街道、社区图书馆（室），而且实现了 212 家主要公共图书馆的资源共享和统一服务。其中特别值得提及的是，深圳图书馆自建馆以来坚持走技术立馆、技术强馆路线，通过 RFID 技术而成功研制出拥有自主知识产权的"城市街区 24 小时自助图书馆"系统，创造了集节约化、智能化、个性化、便捷性于一体的"第三代图书馆"，获得了第三届"中国文化创新奖"。如今，200 台自助图书馆已布局于全市各个主要街区，成为深圳"图书馆之城"建设成效的又一标志。

深圳以追求知识和理性的智慧型文化建设，除了在硬件上加大投入，还集中体现在软件特别是全民阅读活动的开展中，其标志就是"深圳读书月"。自 2000 年以来，深圳读书月已连续成功举办了 14 届，不仅活动数量不断增加、活动内容日益丰富，而且活动形式不断推陈出新，社会影响进一步扩大，成为深圳一年一度的阅读狂欢节。

大气压制浮躁，优雅驱除粗俗。我们之所以举办"深圳读书月"、推广全民阅读，目的就是在深圳这样的经济特区城市，标榜一种文化的精神和姿态，在追求财富（"铜臭"）的城市氛围中营造一种"书香"，在以务实著称的广东成为一块高雅的文化飞地，在中国日益世俗化的城市文化中构建一种有品位的精神生活，不仅使尊崇知识、求学问道的旗帜在深圳高举飘扬，使以读书为荣、以读书为乐成为深圳市民的价值观念和生活方式，使深圳因崇尚阅读而成为受人尊敬的城市，而且深切地改变了深圳的人文面貌，有效地扭转了世人对深圳的文化想象，成为深圳展现文化新气象、营造书香社会的一个标志性符号。事实上，深圳先后被评为"全国文明城市""全国全民阅读先进单位"，被世界资本学会和新巴黎俱乐部评为"杰出的发展中的知识城市"，正可谓对深圳追求智慧型文化、构建学习型知识型城市的精神嘉奖。

"深圳读书月"更是受到联合国教科文组织的关注。2011 年 11 月 3 日，联合国教科文组织总干事伊琳娜·博科娃女士特意为第十二届深圳读书月发来贺信，盛赞深圳率先设立读书月之举极富改革创新精神，对市民参与读书月的热情表示赞许。2012 年 10 月 11 日，应联合国教科文组织的邀请，笔者率深圳代表团到访位于法国巴黎的联合国教科文组织总部，会见教科文组织总干事伊琳娜·博科娃。博科娃表示，深圳文化产业所取得的成就令人振奋，同时深圳已在推动全民阅读、发动民营企业力量促进全球教育文化的发展等方面树立了国际典范。今后，联合国教科文组织将继续加强与深圳在文化创意、图书、全民阅读等多个领域的合作。2013年10月21日，联合国教科文组织授予深圳"全球全民阅读典范城市"称号。博科娃说，深圳不仅是中国改革开放的先锋城市，在创意创新以及文化发展等领域也处于领先地位。授予深圳"全球全民阅读典范城市"称号，是对深圳十几年来坚持不懈地推动全民阅读的肯定，也是对深圳作为"设计之都"为全球创意城市网络所做贡献的褒奖。

回顾深圳的发展历史，尤其是城市文化的发展过程，我们会发现，创新型、智慧型、包容型、力量型文化正日益成为深圳文化的主流，成为深圳区别于其他城市的最具标识性的文化取向。而深圳在这方面所取得的进展与成效，更加坚定了我们以此取向引导城市向前迈进的信心。作为中国最发达的城市之一，深圳以其经济上的优异表现早已跨入全国一线城市的行列，而我们需要深入思考的是，如何进一步推动深圳文化的繁荣、健康发展，进而奠定深圳在全国的文化一线城市的地位？

深圳在给全国城市发展提供一个"经济样本"的同时，能否秉承创新型、智慧型、包容型和力量型的文化取向，为全国提供一个来自深圳的"文化样本"？可以说，这既构成了深圳文化人的文化使命，也是我们未来努力的方向。

城市文化发展的实质是城市文化精神的树立。对于深圳而言，倡导和培育创新型、智慧型、包容型、力量型城市文化，是在路径上、内涵上寻找一种有强大生命力和远大前途的新文化，应是推动城市文化可持续发展的目标形态。

以创新、智慧、包容和力量为追求的深圳，承载着实现中华民族伟大复兴的梦想，肩负着发现价值、倡导创新、弘扬智慧、激发力量的历史使命，行进在"古今中西"的历史交错口，最敏锐地搜索着反映时代发展的新符号。

从纵向上说，深圳的文化实践承接中华民族近代以来追求创新、智慧、包容和力量的文化精神，走在中国特色社会主义文化发展道路的前沿，不断开拓创新型、智慧型、包容型、力量型城市主流文化的发展途径。

从横向上说，深圳的文化探索直接而鲜明地反映着东西方文化的交融和碰撞，汇集了世界先进城市的文化潮流，提炼了创新、智慧、包容、力量这些具有恒常意义和时代特色的价值元素，引领我国文化道路在未来探索中的新动向。

建设创新型、智慧型、包容型、力量型城市主流文化，使深圳文化创意勃发、学术睿智泉涌、文明浪潮波澜壮阔、文化产业风起云涌、国际声望日益彰显，成为文化发展繁荣的良田沃土。深圳的文化流动和主导趋势，既是历史前进的继续，也是国际交流的集合，集中体现为"国家立场"的"深圳表达"。

参考文献

[1] 中商情报网，http://www.askci.com，2013-02-27.

[2] 中国软件网，http://www.soft6.com/ews/201304/
    10/230418.html，2013-11-24.

[3] 截至2012年底，深圳全市实有总人口1830多万，其中流
    动人口达1532.8万，户籍人口305万。深圳商报，2013-
    10-29.

十

国家文化主权的城市担当

文化主权与民族复兴是同步发展的。因为民族复兴不只是国家的富强和国力的强大，还必然要求在国际上获得尊重、享受尊严，民族的核心价值能够得到有力的张扬。一个民族如果没有核心价值观，就很难在文化上独树一帜，很难维护和发展国家文化主权。中国的文化主权发展集中体现于中华民族伟大复兴。没有中华文明的主体性，就没有中国的文化主权。一个大国，如果没有文化主权诉求，是不可能真正对世界文明产生影响的，这不仅是正在崛起的中国面临的一个紧迫命题，也是中国成为世界性大国必须承担的大国责任。

国家文化主权实际上最终落在城市上，大的中心城市是国家文化主权的集中体现。在经济全球化不断深入的大趋势下，国家之间的综合国力和软实力竞争，是通过城市，尤其是中心城市的竞争来实现的。全球化时代，城市之间的直接对话日益频繁。而城市本身，已越来越成为国家文化战略的重要支撑点甚至基本载体。

实现中华民族伟大复兴，本质是实现中华文化的复兴。中华文化复兴强调的是核心价值的感召力、影响力和创新力。深圳作为在国家复兴战略中拥有重要地位和责任担当的中心城市，理应自觉研究和张扬国家文化主权，积极弘扬中华文化的核心价值，彰显文化自觉、文化自信和文化自强。

对民族文化传统的继承与认同

国家文化主权是国家的根本利益所在，是一个国家文化影响力的表现。发展国家文化主权，就是拓展国家利益、民族利益。一个民族如果在国际上没有话语权，就得不到尊重，就没有办法影响世界，也无法实现国家和民族的崛起。文化昌盛的一个重要标志是国家文化主权的发展。

文化主权与政治主权、经济主权本质一致，是一个国家、一个民族的立身之本，更是精神支柱。弘扬国家文化主权，一个重要的途径就是要把国家和民族的核心价值以文化艺术的形式固定下来，在全球交流、展示，得到世界的认可，融入全球主流文化，在世界范围发挥自身强大的影响力并持续作用，与全球经济政治相互促进、共同进步。

从世界历史发展看，价值观的竞争，不只是概念之争，而且是谁引领历史发展趋势、谁掌握文化前进方向的话语权、谁占领文化软实力和道德制高点的争夺。谁有了代表历史前进方向的核心价值，谁就能够创造出代表历史发展方向的政治制度，从而激发出无穷的创造力和生产效率。一个民族如果没有核心价值观，就很难在文化上独树一帜，很难维护和发展国家文化主权。一种独立的文明价值观，只有伟大的民族才可能产生和拥有，因而需要倍加珍惜，需要有完备的保护体系，同时在保护中与时俱进、开拓创新。

实际上，西方政治制度的创新和确立，是以文艺复兴和启蒙运动的思想解放以及新价值观念的确立为前提的。民主、自由、平等、人性、个性解放……所有这些价值观念，大大点燃了被中世纪黑夜笼罩下的欧洲人的激情，西方世界的首创精神，使欧洲社会进行了一系列政治制度的革命性改造。反观近代中国，恰恰是因为在思想上因循守旧，成了旧的思想文化的奴隶。封建主义思想的长期渗透，使许多人的头脑被好古守旧、尊重权势、畏惧权威的价值观念所禁锢，失去了怀疑精神、批判意识和精神创造力。在近代，清王朝的失败就在于没有先进的社会制度，更缺乏支撑先进社会制度的新思想文化。中国改革开放以来取得的令世人瞩目的变化，首先就是因为思想解放所带来的体制创新。没有先进的价值观，就不可能进行史无前例的改革开放，就不可能推动中国重新回到国际舞台的中心，更不可能走在世界潮流的前列。

习近平总书记指出，每个国家和民族的历史传统、文化积淀、基本国情不同，其发展道路必然有着自己的特色。一个民族的核心价值是这个国家的核心主张。讲仁爱、重民本、守诚信、崇正义、尚和合、求大同，是中华文化的突出特点，其中包含了作为中华传统文化主体地位的儒家文化的核心要义，也就是"仁、义、礼、智、信"。儒家哲学以人为本，那么人以什么为本？我们认为，仁义礼智信是人之本，它阐扬的不仅是中国人做人的标准，也是向世界提出的做人的标准。

儒家学说通过阐发"仁义礼智信"的主旨内涵，形成了中华传统文化的核心理念，彰显了中华民族生生不息的民族精神，包括肯定人的尊贵，凸显人的价值；推崇人的主体性，强调高尚人格；倡导担当意识和人文情怀；追求社会理想境界和美好精神家园；彰显中华文化的刚健与气节。这些是中华文化中最具人文色彩的内容，是全人类永恒的宝贵精神财富。

历史上，一个民族的复兴，都是汲取历史思想精华并融合时代观念的创新过程。儒家学说不只是存在于传统之中的文化，而且也是"返本开新"的文化。在新的时代里，它的一些传承千年的思想价值和道德观念，已经与社会主义核心价值观念相融合。在当代中国，"仁"体现的是友善、包容；"义"体现的是平等、正义；"礼"体现的是文明、和谐；"智"体现的是理性、智慧；"信"体现的是道德、诚信。这些价值观念都以时代内涵和传统形式传达给社会大众，既体现了古老的中华文化的勃勃生机，也表明了社会主义核心价值体系植根于丰厚的文化积淀。

文化复兴中的价值重建和创新

中国文化主权发展的集中体现是中华民族伟大复兴。中华民族伟大复兴，不仅仅体现为 GDP 的迅猛增长，也不单纯是国家实力的显赫，更重要的是中华文明价值的建构和国际认同。

任何民族复兴都是改革创新的过程。当代中华文明的价值重建，不是古老文明的复归，不是复古，而是在东西文明交融中再造新文明、新价值。因此，必须挖掘传统文化、发展现代文化，并使两者有机结合，共同构筑国家文化主权。

马克思主义不承认抽象的普世价值，但是从不否认具有普遍世界历史意义的价值。只有普遍世界历史意义的价值，才能成为动员最广大人民群众的旗帜，才能提高价值观的国际吸引力和感召力。如果一个国家有了某种在当时似乎具有普遍世界历史意义的价值，那么对内可以激发社会活力并将其转化为创造历史的民族自豪感，对外可以成为其他民族和国家向往的对象，从而提升国家形象和软实力。这种普遍世界历史意义的价值，是对特定时代国民或人类共同关心问题的把握。在这里，国家之间的竞争实际上已经体现在核心价值观的较量，正如有学者所指出的，"核心价值观逐渐发展为大国博弈的新支点""大国博弈由以政治制度为中心向以核心价值观为支点迁移，是世界发展到一定历史阶段的必然产物。"

因此，我们必须注重核心价值的建设，着力拓展核心价值观念的普遍世界历史意义，提升国家的文化竞争力或软实力。

近代以来，中华文化的核心价值经历了一个自我修正、自我确认，最终自我张扬的过程。自我修正是对古代传统价值的调整和革新，自我确认就是中国人对新型价值观及其独特性的普遍认同和维护，自我张扬就是中国文明价值的普遍适用性在世界上得到印证和传扬。这个过程，也与近代以来中国从积贫积弱、备受凌辱，历经独立自主、繁荣富强，到自信自强、复兴崛起的民族奋斗历程相契合。

经过中国文明价值的自我修正、自我确认、自我张扬，有三种文化类型发挥着重大影响和作用，构成了当代中国文化发展的基本格局。这三种文化分别是马克思主义、中国传统文化、西方优秀文化。在这三种文化中，马克思主义处于主导地位，其他两种文化也在社会上产生着重要影响。这三种文化相互交融发展，统一于中国特色社会主义文化，开创了中华文化时代发展的新格局，标志着中西古今文化在中华大地上有效融合与繁荣发展。由中国特色社会主义文化提炼形成的社会主义核心价值观，开辟了一条中华文化现代转型的新道路。

社会主义核心价值观是当代中国的精神写照。习近平总书记指出："核心价值观，其实就是一种德，既是个人的德，也是一种大德，就是国家的德、社会的德。国无德不兴，人无德不立。如果一个民族、一个国家没有共同的核心价值观，莫衷一是，行无依归，那这个民族、这个国家就无法前进。"社会主义核心价值观，正是中华民族经过 100 多年的奋斗、思考、挫折和胜利得出的民族思想的核心内容，是中华民族走向复兴的兴国之魂。核心价值观的本质意义，就是确定和找到一条在精神层面使民族精神发扬光大的道路和目标。它分成国家民族、社会以及个人三个层次，历次的革命运动、改革建设、艰辛探索都没有离开其中的意义，无论是富强、民主、文明、和谐，还是自由、平等、公正、法治，还有爱国、敬业、诚信、友善，近代以来中国社会的每一次重大的历史进步，都是围绕着这些核心价值去追寻、去展开的。核心价值观不仅体现了中华文化的民族性、包容性和时代性，而且反映出中华文化的综合创新和海纳百川，展现了中华文化的长久适应性和强大生命力。

新世纪以来，中国特色的新型发展道路和核心价值的构建逐步深化，推动了综合国力不断增强和国际地位不断提高，使国家文化主权在世界范围内得到不断拓展和提升，也受到世界各国尤其西方世界的广泛关注。国外媒体关于"中国速度""中国发展模式""中国崛起"的评论越来越多。不管评论者动机如何，不可否认的是中国独特的发展道路，在全球的影响力与日俱增，这已成为不争的事实。

在多元文化的流动交融中，人类未来才有可能诞生新文明。这种新文明是对工业文明的扬弃和超越，是东西方文明融会中的创新和再造。这种新文明应是以人为本的、人道的，在重建人类和谐心灵的基础上，培育和塑造和谐的人性、人格、人伦，促进人的自由全面发展；这种新文明又应是崇尚自然、返璞归真的，建构人与自然互动共生的关系，使人由"自然之主"变为"自然之友"；这种新文明还应是平等、开放、包容、创新的。从世界多极化、经济全球化的发展趋势看，未来世界将是多样化的"你中有我，我中有你"，相互尊重、相互理解、广泛交流、学习创新、求同存异应成为未来世界发展的内在要求和明智选择。

正如许多学者预言的那样，人类新文明的探索与中华文明的兴起应是同一个历史进程。在当代，中华文明的主体是中国特色社会主义文明发展模式。这种文明模式立足于社会主义本质内涵和中华民族特色，放眼当今世界的文明发展，在我国现代化进程中形成了以建设物质文明、精神文明、政治文明、社会文明、生态文明为主体的特色板块，突出了以人为本、全面协调可持续发展的时代主旋律，传承和发展了古老中华文明的优秀文化传统，展现了在中华文明与人类其他优秀文明交汇的历史进程中海纳百川的磅礴大气，为未来人类社会发展做出新的贡献。

全球文化话语权的掌控及影响

习近平总书记在主持提高国家文化软实力的集体学习时强调："提高国家文化软实力，要努力提高国际话语权。"文化产品的大量输出代表的是文化大国，而真正要成为文化强国，就是国家、民族的核心价值观念要在世界范围内产生影响并占据主导地位，也就是要掌握话语权。

国家文化主权的维护和发展，以民族传统文化为支撑、以价值创新为动力、以文化话语权为主要标志。在全球一体化的今天，自我封闭、自说自话的文化传承、文化生产已不复存在，不同文化之间全方位交流、碰撞和融合是发展大势。在这种交流、碰撞和融合中，代表国家文化主权的文化话语权至关重要，这是全球化背景下保证国家和民族主体文化可持续发展的必要条件，舍此不能发扬光大国家和民族核心价值，不能保证先进文化的前进方向，不能保障民族的尊严和国家的神圣。

文化话语权表征的是对国家利益、民族利益的拓展。在国际关系中，规则和标准的制定通常会不自觉地按照话语权的大小行事。事实上，在追求开放国际市场的同时，某些西方国家致力于西方政治和文化价值的推广，通过改造大众意识来建立文化支配权，把经济全球化变成一场文化扩张运动，就是通过不断扩大文化话语权，推广其生活方式、行为准则和价值标准，通过文化霸权和文化渗透来建立起文化支配权，通过文化产品、文化产业的推动来提升其价值影响力。

由于经济与文化的一体化日益发展，国家民族核心价值的渗透是以文化产品、信息传播等方式来进行的，比如电影、广播电视节目、流行音乐、新闻出版物、游戏软件、互联网内容等文化产品贸易。

根据莱斯特·布朗的《世界观察研究所》每年发布的世界发展状况报告，全球一体化正在造成一个20：80 的人类社会，世界上 1/5 的最富裕国家决定着全世界 84.7% 的社会总生产，占世界贸易总额的 84.2%，占世界各国国内储蓄额的 85.5%。这些最富裕国家，在政治、经济、文化领域，不断扩充自己的话语权，最大程度实现本国、本民族的政治、经济、文化诉求。他们国家核心价值、文化艺术准则、生活方式的渗透是以文化产品、信息传播等方式来进行。

对比美国等西方文化产业强国，我国在文化产业特别是文化产品的输出方面，依然存在巨大差距。据统计，2011 年我国图书出口 3276.61 万美元，进口 11666.91 万美元；期刊出口 573.44 万美元，进口 13906.17 万美元；报纸出口 55.46 万美元，进口 2800.18 万美元；音像制品和电子出版物出口 1502.43 万美元，进口 14134.78 万美元。仅从这些数据就可以看出，文化产品进出口之间存在着巨大反差，中国的文化输出能力仍然亟须加强。

中心城市是弘扬国家文化主权的基本载体

文化话语权作为国家文化主权的一个基本内容，包括自身文化建设是否跻身全球主流文化空间，是否能平等参与国际交流并参与国际规则的建立，是否有强大的文化产业作为基础支撑。这些要素集中体现于一国的城市，特别是中心城市的文化发展和文化地位。

为什么一座城市要肩负国家文化主权的职责？这是因为，全球化时代，城市之间的直接对话越来越频繁。当今国际上，许多国家的战略意图、民族文化的载体，已不再是以国家为主要单位，而是通过中心城市或超级城市来实现的。

中心城市的作为决定国家的文化主张和文化力量。美国著名城市建筑家刘易斯·芒福德说："城市是文化的容器。"综观国际上国家之间的综合国力和软实力竞争，往往以中心城市的文化软实力竞争为基本单元。那些世界性的超级大城市群，代表了国家意志的表达，代表了国家软实力的竞争。

美国的纽约音乐节，每年吸引几百万的各国音乐爱好者参加，从街舞到传统的意大利歌剧，从爵士乐到摇滚乐，各种音乐流派和各种表演艺术形式汇聚于此，将公园、广场、街头、人行道变成了一个五彩缤纷的大舞台，使听一场音乐会成为去纽约旅游的重要内容，构成了纽约"世界文化俱乐部"的重要特质。透过这一点，折射出来自于自由、平等和机会所代表的"美国梦"对于世界移民的吸引，体现出美国文化大熔炉的精神气质，以及在此基础上的自由平等、创新包容、标新立异、改变命运、实现梦想的国家精神。

英国的伦敦设计节，是全球最具影响力的设计大事件之一，展示伦敦作为世界设计之都的实力和魅力，为全球设计业提供交流平台，使伦敦成为最有创意的城市之一，其创意产业产值已超过金融业而成为第一产业，2012 年伦敦奥运会给人留下最深刻印象的是展示了英国创意产业的强大实力。创意不仅带来财富和就业机会，还有效提升了英国的国家软实力和国际形象。英国 1997

年最早提出"创意产业"概念，提出打造全球创意产业中心，创意产业已成为其经济引擎、就业人口最多产业；世界文化的广集博引，激活了沉寂多时的英国，使昔日的世界中心再度显现出无限活力，令人流连忘返，赢得了"世界卓越的创意和文化中心"的声誉。

法国的巴黎国际当代艺术博览会，被誉为"世界艺博会先驱"，是世界规模最大、最重要的当代艺术博览会之一，展示了世界当代艺术发展的最新成果，成为世界现当代艺术品交易市场的一张"晴雨表"。巴黎时装周，更是有着超过100年的历史，打造了巴黎"世界时装之都"，通过吸纳全世界的时装精英，为全世界营造一个时尚梦，同时将设计师们推上全世界的视野。戛纳国际电影节，创立于1939年，是当今世界最具影响力、顶尖的国际电影节，使这座小镇因国际电影节而闻名世界，成为欧洲有名的旅游胜地和国际名流社交集会场所。这三项大型活动，深深地体现了法兰西民族崇尚时尚、艺术、自由、梦想的国民精神和性格，使其艺术、设计等凭借"法国制造"的商业硕果而闻名海外。

德国的法兰克福书展，是世界上最大规模、最享盛誉的图书展览，其宗旨是允许世界上任何出版公司展出任何图书，每年会有100多个国家、7000多家出版商和书商、30 多万个新品种参加，达成的版权交易占世界全年版权交易总量的 75% 以上，被誉为"世界出版人的奥运会"，成为"世界文化风向标"。该展使德国成为世界最重要的图书贸易中心之一，体现了德国人热爱阅读、勤于思考、热衷讨论，善于享受精神生活的乐趣，"用图书丰富国家的智慧"。

贝聿铭曾说过："人类只是地球上的匆匆过客，唯有城市将永久存在。"中心城市的文化作为一个国家文化最集中、最有竞争力、最有活力的载体，在参与国际文化交流、对话全球主流文化、加强文化话语权方面发挥着领航性、标杆性作用，越来越成为国家文化战略的重要支撑点甚至基本载体。

在国际交流中展示城市鲜明特色

中心城市弘扬国家文化主权，要以国际一流城市参与国际文化交流，并在交流中形成文化话语权，展示城市文化的鲜明特色。

近年来，深圳先后荣获了联合国教科文组织授予的"国际设计之都""全球全民阅读典范城市"等称号，原创大型合唱交响乐《人文颂》在联合国教科文组织巴黎总部成功演出，使深圳被国际知识界评为"杰出的发展中的知识城市"。联合国教科文组织总干事博科娃在为深圳颁发"全球全民阅读典范城市"证书时曾说："深圳是全球唯一获得这个荣誉的城市，从中可以看到中国人对于全民阅读的重视和热爱。"这些荣誉表面看是深圳获得的，但放在国际上，实则代表了中国人民热爱读书、崇尚求知、坚守优秀价值的形象。国际上的赞叹和肯定，不仅仅是对深圳这座城市，而是深圳所代表的中国。当然，也张扬了深圳这座城市的创造活力和创意能力。

为什么是深圳?

这是因为，深圳作为我国第一个经济特区，作为在国家战略中拥有重要地位和责任担当的中心城市，在其推动城市文化发展过程中，始终确立将城市与整个中华民族的文化命运紧密结合在一起的远大的抱负，因而具备了一种真正意义上的文化自觉。

深圳十几年前提出"文化立市"战略的时候，并没有局限于深圳自身的文化到底能发展成怎样的规模或特色，而是着眼于深圳在中华文化复兴中应当扮演的角色。因此，弘扬国家文化主权，对于深圳这样一个年轻的、充满创新精神、具有远大抱负，并且承担着国家改革开放历史使命的城市，更具有使命意义和担当精神。近年来，深圳靠着这种高度的文化自觉，创造了文化发展的奇迹，成为改革开放新时期的城市文化样本，在世界普遍性文化意义上提供崭新的文化经验。这不仅是深圳的使命和光荣，更是中国和平崛起的国家战略需要，是中国作为大国崛起的责任所在。

首先，"文化是流动的"奠定了深圳文化发展的理论基石。作为只有 30 多年历史的年轻移民城市，深圳坚持把"文化流动论"作为城市文化建设的理论基础，不断吸纳、汇聚、融合来自五湖四海的灿烂文化，依靠文化发展顶层设计和文化创新实践，在增强文化话语权上做了积极的探索。"文化是流动的"理论决定了文化只有在创新、交流中才会有更大的发展；流动的文化才是活的文化，才是最有生命力的文化。这决定了城市文化战略的方向和选择。

其次，实现市民文化权利和弘扬国家文化主权建构了城市文化发展的根本支柱。实现市民文化权利，就是使每位市民都能够实现享受文化成果的权利、参与文化活动的权利、开展文化创造的权利和保护文化产权的权利。与此同时，张扬国家文化主权，就是在吸纳世界优秀文明的基础上确立中华文明的主体性地位，不断拓展国家的影响力，在世界范围内"唱响中国声音""讲好中国故事"。这促使深圳在城市文化发展和推进深圳在中华文化走向世界中有更大作为。

可以说，"文化是流动的"和公民文化权利、国家文化主权，正是构成当今一切文化现象、文化活动、文化演变的基点与根源，也是多年来深圳文化能够取得令人刮目相看的成就，并主动作为担当起张扬国家文化主权的文化自觉和自信。

第一，打造世界文化品牌，开展国际文化交流，跻身全球主流文化空间。

赢得国际权威机构的城市文化奖项和荣誉，是一座城市扩大国家文化主权的重要途径。2013 年，深圳获得"全球全民阅读典范城市"称号，这是联合国教科文组织对深圳十几年来坚持不懈地推动全民阅读的肯定，也是对深圳作为"设计之都"为全球创意城市网络所做贡献的褒奖。

多年来，深圳把国际通行的"读书"活动做到近乎极致，成为推广全民阅读的世界城市典范，并以连续 14 年举办"深圳读书月"这一高贵的坚持，激发和促进城市文化创意产业的蓬勃发展，培育和涵养市民的求真、求善的人文内涵。深圳的这些经验和做法，用世界城市的通用语言，推广了中华文化中重读书、重薪火传承的文化价值传统，赢得了全球许多城市的尊重和借鉴。

同时，通过推动国际性的文化交流，把握世界文化脉动，弘扬中华文化价值。以联合国教科文组织为代表的众多国际组织及其他非政府组织，是开展不同文明间对话、不同文化交流的有效平台，是彰显一个国家文化主权的高地，是中华文化走出去、对外传播中国文化价值观的重要途径。2013年9月，深圳历时7年原创的大型合唱交响乐《人文颂》，在联合国教科文组织巴黎总部成功上演，开创性地探索开展文化外交，争取了文化话语权，张扬了国家文化主权。

民族文化复兴的一个重要内容是核心价值得到世界的认可与尊重，《人文颂》承载着这样的期望。在《人文颂》之前，极少有中国文艺作品能在联合国教科文组织的平台上展示、演出。《人文颂》以自身深厚的文化内涵，以被邀的姿态，充分自信地登上世界文化交流的最高平台，为中华文化走出去闯出一条新路，探索出一条对外文化交流的新通道。《人文颂》张扬了国家文化主权，构建文化走出去的有效机制，是"讲好中国故事、传播好中国声音"的创新之举。

同年3月，深圳还会同联合国教科文组织等国际机构，召开了"全球图书业大会"，主导起草并通过了全球图书业发展的《深圳宣言》，标志着中国城市首次主导建立国际图书文化业规则。这次盛会，引起了业界的积极关注和广泛赞誉，深圳再一次向世界展示了中国城市对推动图书、阅读行业发展的执着追求的城市精神和形象。

此外，注重争取各专业奖项，在国际舞台上唱响深圳、中国的声音。比如，深圳出版印刷企业荣获印刷业"奥斯卡"奖——美国印制大奖班尼奖占全国总获奖量的92%，荣获中国出版政府奖占全国总获奖量的40%。再如，为鼓励全球优秀年轻设计师脱颖而出，深圳会同联合国教科文组织在全球范围举办"深圳创意设计新锐奖"，并永久落户深圳。

第二，构建国家级、国际化的文博会展示交易平台，推动中华文化走出去。

深圳"文博会"是推动中华文化走出去的重要战略举措，其诞生和发展，彰显了深圳乃至中国的一种高度的文化自觉和文化自信。随着文博会走过10年，对这一点也看得愈加清晰。

一方面，对内而言，带动全国以及深圳的文化产业实现跨越式发展具有推动作用，拉动城市经济增长，提升文化软实力。

另一方面，对外来看，文博会承载着推动中华文化走出去的重要战略意义。这种走出去显示的是一国文化的真正实力，通过文化产品的出口，在文化产品上附着的文化内容的输出，最终的关键和核心则是促进中华文化价值和观念在世界范围内的弘扬。10届文博会的历程，就是推动中华文化走出去的过程。

从10届深圳文博会我们可以看到，中华文化走出去，经过了从器物文化到内容文化、价值文化的清晰历程。第一阶段，是文化器物走出去，体现为一般性文化产品的加工和贸易出口。据统计，10年来，中国文化产品进出口年均增长16.2%，文化服务进出口年均增长24.7%。增长率不低，但对外文化贸易在国家整个对外贸易的比重仍然偏低，核心的文化产品和服务贸易逆差仍然较突出。第二阶段，是文化内容走出去，打造原创的文化品牌和文化内容，进入"文化创造"的阶段。2005年至2006年前后，国家先后出台一系列鼓励措施，文化产品出口进入新阶段。这也是文博会平台对推动中华文化走出去发力的开始。2006年，文博会正式获准成为UFI（国际展览联盟）认证展会，文博会作为国际性文化产业展会的地位进一步被确定。借助文博会平台，富含中华文化内容的文化产品出口逐步增多，国际影响不断增强。第三个阶段，是文化核心观念走出去阶段，推广核心价值观念、彰显和弘扬中华文化价值，也就是讲好中国故事、传播好中国声音，不断提高中华文化价值的国际话语权。同时，我们还要看到，通过核心价值观的宣传推广，通过文化产品的输出，用文化主权、文化产品拓展国家利益，文博会仍然还有很长的路要走。

第三，促进文化产业实现跨越式发展，不断增强文化的输出能力。

强大的文化产业是国家、民族乃至城市文化话语权的基础保障。没有强大的文化产业，文化话语权将成为无本之木、无源之水，不仅不能保证先进文化的前进方向，更不能保证国家文化主权的张扬，不能保障民族的尊严和国家的神圣。

近年来，深圳大力实施"文化立市"战略，着力建设文化强市，培育文化市场主体，初步形成了较为完备的产业发展体系，文化产业成为深圳四大支柱产业和重要的战略性新兴产业之一。

深圳的设计业也走向国际舞台，与国际接轨的力度不断深入，呈现出向高端化、品牌化和国际化迈进的态势。在有国际设计界三大奥斯卡奖项之称的红点、IF、

G-MARK 大奖上，来自深圳的作品频频展现出设计实力，得到国际设计界认可、重视和尊重。

如今，深圳建设了文博会、深圳文交所、中国文化产业投资基金、国家对外文化贸易基地 4 个国家级文化产业发展平台，成为中国对外文化贸易、推动中华文化走出去的重要基地和主要口岸。

（本文已发表于 2014 年 6 月 25 日《中国文化报》）

十一

深圳城市发展中的文化自觉

2011 年 8 月，胡锦涛总书记出席深圳世界大学生运动会开幕式期间，特地考察了深圳的文化建设，寄望深圳进一步做好文化改革发展这篇大文章，争当文化产业发展的领头羊，使物质文明建设和精神文明建设取得双丰收。总书记的寄望赋予了深圳新的历史使命。近几年来，深圳经济特区快速、协调、健康发展，每一个发展进程和阶段，都体现出不同程度的文化自觉和文化创新。正是这种文化自觉和文化创新，日益成为深圳进一步做好文化改革发展这篇大文章的必要条件。在新的发展时期，深圳要争当文化产业发展的领头羊，在文化建设方面走在全国前列，进一步增强文化自觉的责任感和使命感，高扬深圳城市的文化理想，肩负强烈的文化担当，采取更加有力的举措推动文化建设，在特区改革发展的伟大实践中进行文化创造，努力建设文化深圳，率先实现社会主义文化大发展大繁荣。

文化自觉的实践与探索

文化自觉与城市发展是一种互动关系，文化自觉促进城市发展，城市发展激发新的文化自觉。深圳城市发展中的文化自觉，既体现出文化与城市发展的内在关系，彰显了文化自觉的基本内涵，又适应了深圳在不同发展阶段的文化需求，充分显示出深圳城市发展中文化的精神动力作用和价值支撑作用。

特别是近年来，深圳以当好改革开放和科学发展排头兵的强烈使命感和责任感，形成了高度的文化自觉，确立并实施"文化立市"战略，以建设创新型、智慧型、力量型文化，实现市民文化权利，辅政亲民等文化创新理念为指引，坚持文化惠民、文化利民、文化为民，加快文化体制机制改革创新，加快构建公共文化服务体系，加快发展文化产业，加强对文化产品创作生产的引导，致力于推动文化大发展大繁荣，建设高品位文化城市。

打造创新型智慧型力量型主流文化，增强文化感召力。发展创新型智慧型力量型文化，就是坚守社会主义核心价值体系，以创新为城市之魂，以追求知识和理性为旨归，保持生生不息的进取精神。深圳系统总结城市核心价值观念，组织开展"深圳十大观念"评选活动，编纂出版《深圳十大观念》，在全国引起强烈反响。倡导读书求知的价值追求和生活方式，深圳读书月举办11届，吸引上千万人次热情参与，深圳市民文化大讲堂举办500多场，展现了深圳这座城市"以读书为荣""以求知为乐"的执着品格和可贵坚守。注重增强城市文化内涵，深圳首创推出展现中华文化之美的《论语》金句公益广告，并在成功创作大型佛教梵呗音乐《神州和乐》之后，组织创作儒家交响乐《人文颂》。

巩固文明创建成果，拓展城市文明力。深圳落实《深圳市公共文明提升行动计划》，开展"文明出行全城总动员""百万市民学礼仪"等活动，定期开展公共文明监测、窗口行业群众满意度调查和交通文明指数测评，实现创建工作制度化、常态化，蝉联"全国文明城市"称号。开展城市人文精神建设品牌活动，组织了"美丽深圳"摄影大赛、"幸福深圳"DV大赛、"未成年人道德教育活动季"等活动，增强城市文明底蕴。打造关爱之城，连续8年组织深圳关爱行动，共开展1万余项活动，培育了募师支教、心理关爱、感动深圳表彰晚会等一批品牌项目和活动，设立关爱行动公益基金，组织首届"中国·深圳公益项目交流展示会"，彰显了深圳的博大感恩情怀。

完善新闻发布制度，提高舆论引导力。坚持"辅政亲民"理念，善待善用善管媒体，在全国率先建立新闻发布"首长负责制"和新闻发言人"问责制"，构建多层次、多部门、多角度的新闻发布体系，推动党政部门主动适应新的舆论环境。创新网络问政工作机制，开展"直播车在行动"网上监督，完成"问政"报道 170 多期，参与网民达数十万；成立网络媒体协会，倡导文明办网和文明上网，举办"网络文明奖"评选。加强和改进舆论监督，突出针对性和实效性。大运宣传呈现"不一样的精彩"，突出体现了大运会不仅"争一时"，更在"争千秋"的深远立意，展示了不仅办大运，而且办城市的"不一样的精彩"。

推进文化惠民，完善文化服务力。加大公共文化投入，2010 年文化、体育与传媒支出 18.74 亿元（不含基建），占财政支出比重约 1.5%，高于同期财政支出增幅 21 个百分点。实施文化惠民工程，至 2010 年底，深圳建成公共图书馆 638 个，24 小时自助图书馆 140 台；"鹏城金秋"社区文化节、外来青工文体节、创意十二月等一批文化惠民品牌活动越办越兴旺，常年展演活动超过 1 万余场次；音乐工程、影视工程结硕果，《走向复兴》《迎风飘扬的旗》等 5 首深圳原创歌曲在纪念建党 90 周年"我们的旗帜"晚会上先后唱响，《命运》《兵峰》等一批深圳制造的影视作品风靡全国。

加快推进文化改革发展，提高文化创新力。稳步推进 44 家文化单位转企改制和内部改革，深化国有文化资产管理体制改革，效益集团建设取得显著成效，两次获"全国文化体制改革工作先进地区"称号。文化产业成为转变经济发展方式新亮点，建成 50 多个文化产业园区、基地，探索形成了"文化＋科技""文化＋金融""文化＋旅游"的产业发展新模式；文博会成为中华文化走向世界的重要平台，深圳文交所、中国文化产业投资基金相继成立，文化投融资体系建设取得突破；2010 年实现文化创意产业增加值 726 亿元，占 GDP 比重达 7.6%，文化产业成为四大支柱产业之一。

加强设计之都建设，扩大文化传播力。深圳连续 6 届举办"创意十二月"系列活动，以品牌效应推动创意文化事业整体发展。举办了全球创意城市网络大会，开展了"中国（深圳）国际工业设计节""深圳创意设计日""设计之都公益广告大赛"等活动，建成田面设计之都、华侨城 LOFT 等近 20 个创意设计产业园，深圳"设计之都"的国际形象和影响力显著提升。利用新文化"走出去"模式，积极拓展城市外宣和对外文化交流，推动深圳报业集团、广电集团新媒体建设和跨媒体经营，建立覆盖广泛、技术先进的对外传播体系。

强化文化自觉的经验与启示

与时俱进、不断创新的文化自觉，是深圳城市发展的重要精神动力，对深圳城市发展产生了极大的促进作用，为社会主义先进文化建设做出了重要贡献，同时积累了比较丰富的成功经验。

文化自觉首先是理论的自觉。理论是文化自觉的先导、核心和关键，文化自觉首先是一种在文化上的认识与觉悟，是一种能够带来对文化的创造与开拓的理念。深圳文化大发展大繁荣，首当其冲是文化发展理念的创新。近年来，深圳大力推动文化理念创新，将党关于文化大发展大繁荣的意志和主张转化为城市共同的文化追求，建构起文化大发展大繁荣的体制机制，推动文化大发展大繁荣由理想变为现实。创造性地提出文化战略这座理论大厦有两个基本支柱：一是市民的文化权利，将市民文化权利的实现程度作为实现民生文化福利的出发点和落脚点，使每个市民都有享受文化成果的权利、参与文化活动的权利、开展文化创造的权利和保护知识产权的权利；二是国家文化主权，在吸纳世界最优秀的文明基础上确立中华文明的主体性地位，通过国家主权的张扬来拓展国家利益，推进深圳在中华文化走向世界中有更大作为。此外，从宏观和微观两个角度破题，进一步点破国家文化主权和市民文化权利，正是构成当世一切文化现象、文化活动、文化演变的基点与根源。

文化自觉最终是市民的自觉。文化发展体现着人的发展，并凝聚着人的创造力，从根本上说依赖于人对于文化的需求、参与和创造。因而，文化自觉最终是市民的自觉，必须调动广大市民从事文化实践活动的积极性、主动性和创造性。深圳的文化自觉和文化发展，不是凭空生发，而是以市民的文化活动和文化需求作为现实根据，并通过市民的文化活动和实践，内化为市民自觉的价值观念和文化意识。如"深圳读书月""深圳市民文化大讲堂""深圳社会科学普及周"等品牌文化活动，都是政府引导推动、社会企业参与举办，极大满足了市民的文化生活需要，得到了全市各界的普遍认同。"深圳最有影响力十大观念"，则是按照领导设想、网上发动、全民参与的内在逻辑，从一篇网帖《来深十八年，再回忆那些曾令我热血沸腾的口号》发端，引来网友广泛关注，并以此为契机发动市民广泛参与评选出来的。最终选出的"深圳十大观念"，成为市民的共识，成为深圳人自觉认同的观念意识和价值追求。

文化自觉要求党委和政府主导将文化深圳建设好。

文化自觉，需要党委和政府在文化发展上的觉悟觉醒、规律把握和使命担当。党委和政府是文化自觉的领导者、组织者和指挥者，起主导作用。近年来，市委、市政府在探索中国特色社会主义文化发展道路和建设当代新文化的责任担当，进行文化改革创新的豪迈激情，是深圳文化自觉的源头和动力所在。这种自觉和担当，不是心血来潮的"激情"或"口号"，而是从落实科学发展观、构建和谐社会的战略高度，把文化建设摆在突出位置，始终坚持的一种文化责任和文化理想，并自觉转化为文化发展理念和政策指导，成为建设文化深圳、指引文化发展路径、提升城市文化形象的文化实践。今后，深圳文化发展仍然必须坚持党委和政府主导，进一步增强文化自觉和文化自信，以更加积极的姿态、更加有力的措施，大力推动"文化强市"建设，在中国特色社会主义伟大实践中进行文化创造，努力打造文化深圳，率先实现社会主义文化大发展大繁荣。

文化自觉必须强化创新意识。文化创新意识是深圳文化自觉的主要特征和根本内涵。深圳城市快速发展、日新月异，随着形势的发展变化，国家和广东省对深圳的期望、市民的文化需求都越来越高，这决定了深圳的文化自觉必须强化创新意识、与时俱进。近年来，深圳初步形成了创新型、智慧型、力量型城市主流文化，为社会主义先进文化建设开辟了一新路径。从建设"现代文化名城"到建设"高品位文化城市"，从建设"两城一都一基地"到建设"文化强市"，每一个城市文化建设新目标的确定，都反映出深圳文化自觉意识的不断更新，都显示出深圳决策者根据新形势和新要求，及时调整城市文化建设发展思路的自觉意识，体现出尊重现实的科学态度和改变现状的进取精神。

文化自觉必须具有国际视野和国家观念。在全球化背景下，文化自觉意识的确立，必须具有宽广的国际视野和明确的国家观念。深圳的文化自觉始终有一种世界眼光，不仅从提升国际竞争力的高度，而且从中华民族文化的生死存亡的角度，理解文化发展的极端重要性，主动对照世界先进城市的标准，来确立深圳城市文化建设的发展理念和发展目标。深圳是我国改革开放的"窗口"和"试验场"，也是国家创新型城市试点和国家文化体制改革试点地区，这就决定了深圳要始终站在国家发展的战略高度，为探索科学发展模式、建设当代新型文化发挥创新和示范作用。深圳文化建设和文化发展的实践有力地证明了这一点："文博会"为国内文化产品走向世界搭建了一个国际性交易和展示平台；"读书月"

为开展全民阅读活动提供了成功经验；率先提出的"实现市民文化权利""构建公共文化服务体系"等理念成为国人的共识，国家制定文化政策的基本理念；探索形成的"文化＋科技"等产业发展新模式，对全国的文化产业发展产生了极大推动作用。

文化自觉的新使命和新高度

深圳面临的新使命和新要求，必然激发出更强的文化自觉意识，提升文化自觉的高度。未来，深圳将认真贯彻落实胡锦涛总书记考察深圳的重要讲话精神，围绕建设现代化国际化先进城市的总体目标和提升"深圳质量"的总体要求，加快建设"文化强市"，努力在推动社会主义文化大发展大繁荣的进程中发挥好先导、示范和辐射带动作用。

实现城市精神"强"。着力培育城市人文精神，构建和谐心灵，塑造高尚人格，提升市民文明素质，力争使深圳成为社会主义核心价值体系建设示范区。

实现城市智慧"强"。推进学术文化建设，增厚城市文化底蕴，繁荣文艺精品创作，开展艺术教育普及活动，把深圳建设成为知识型城市、智慧型城市、学习型城市。

实现公共文化服务"强"。建立充分体现公益性、基本性、均等性、便利性的公共文化服务体系，推进文化惠民工程，提高公共文化服务效能，使深圳成为全国公共文化建设的示范区。

实现文化产业发展"强"。以改革创新和科技进步为动力，建立产业结构优化、核心竞争力强、龙头企业集聚的现代文化产业体系，推动规模化、集约化、专业化、高端化、国际化发展，打造世界知名的"设计之都"、国际时尚创意中心和文化产业龙头大市。

实现文化体制机制"强"。完善文化市场体系和现代文化传播体系，增强深圳文化辐射力和城市影响力，完善文博会等国家级文化发展平台，使深圳成为中华文化"走出去"的重要基地。

（本文刊载于 2011 年 10 月 17 日《中国文化报》）

十二

关于文化产业发展的

几个问题

近来，议论文化产业的发展成了文化理论界的热点。参加议论的不仅有学者、文化界的官员、企业家、经济学界，乃至金融、证券界人士。诸家纷起，一扫文化界远离社会经济生活、"清高"、"边缘"、愁眉锁眼之风，使大家看到了新的方向和路数。上海、北京、广州等大城市不仅推出了许多文化产业方面的论文和专著，而且从整个城市的产业布局考虑，提出了文化产业发展的具体设想，出现了"蓝皮书""文化产业发展纲要"之类直接供领导决策和操作的建议和方案。随着中国加入WTO的日渐临近，这种高涨的热情还会持续，文化产业热还将热下去。这就给我们提出了一些亟待进一步思考的问题。本文粗浅地谈谈自己的认识。

一、正确处理文化产业发展中的经济与社会、世界与民族、融合与抗争之间的关系

1. 文化产业的发展是经济发展一定阶段的历史必然，文化产业在国民经济发展中正迅速上升到一个十分重要的位置，文化竞争已成为综合国力竞争的主要领域。

文化产业之所以引起各方面重视，乃在于这个产

业所昭示的在经济和社会生活中的辉煌前景。文化产业的发展是经济发展一定阶段的历史必然。据有关研究表明，当人均GDP3000美元以上，人民生活水平越过温饱走向小康，社会对文化的需求就会强烈凸显。从20世纪30年代到二战前，美国和西方一些发达国家初步形成文化产业的基础和框架，二战后，西方发达国家和地区的文化产业迅猛发展，日本、韩国，以及香港、台湾等地文化产业也迅速崛起。特别是随着知识经济的到来，人们对科技和文化的需求已经远远超越了消费层次的需要，而成为与自身生活须臾不可分离的组成部分，分离即意味着对现代社会的脱离。无论在衣食住行等物质生活层面，还是在求知、审美、娱乐等精神生活层面，我们都被铺天盖地而来的科技和文化产品所形成的社会整体环境密切包围。文化通过"工业设计"已经渗透社会经济生活的各个角落。现代商品经济是"人文化"的经济，从每件具体产品的设计生产、推销消费，到整个企业的发展战略制定、品牌形象管理、企业文化建设、客户需求服务等，每个流程无不打上文化的符号与烙印。我们甚至已经找不到没有文化标识的产品，也几乎不存在不借助文化影响的销售，不体验文化意义的消费。现代社会活动、经济活动与文化活动的界线越来越模糊了。文化既为一大批传统产业增加着附加值，文化本身更是自成产业主体，创造着新型的文化产业形态，形成崭新的产业门类。根据联合国教科文组织的归纳，文化产业广泛包括影视、音像、摄影、广告、信息咨询、大众传播媒介、流行音乐、平面设计等诸多行业，社会越向前发展，文化的市场就越大，文化产业成为 21 世纪的朝阳产业已是不争的事实。

文化产业在现代国民经济中的重要地位远远超过了一般人的想象。这在美国尤为突出。20 年前，美国文化产业在国民经济中的比重还排在第 12 位，现在则上升到第 4 位。1993 年，美国版权业产值已占 GDP 的 3.7%，1997 年，美国与电影相关的产业产值高达 170 亿美元。娱乐业在美国已成为仅次于航天工业的第二大支柱产业，其视听产品是仅次于飞机的第二大出口产品。难怪美国政治家布热津斯基曾这样断言："如果说，罗马献给世界的是法律；英国献给世界的是议会民主活动；那么，现代美国献给世界的是科学技术和大众文化。"事实上，知识密集、高技术含量、高附加值、少污染、可重复开发的文化产业，对经济增长的直接推动作用得到了普遍的重视。亚洲国家中，日本娱乐业收入早在 1993 年就超过其汽车工业产值，韩国文化产业迅速崛起，掀起阵阵"日潮""韩流"。欧洲国家，英国艺术业拥有170亿美元的产业规模，与其汽车工业不相上下，法国文化产业也相当发达，文化产业在整个欧洲经济中产业排名达到第6位。可见，文化产业已成为发达国家主要的经济支柱和经济指标。从这个意义上讲，文化产业的发达与否，标志着一个国家经济发展的整体水平。文化产业竞争已经成为综合国力竞争的主要领域。遗憾的是，我国的文化产业起步较晚，由于种种原因，文化长期以来没有被当作产业去经营。目前，文化产业在国民经济中的排序还未能进入前10名，这与中国作为一个文化大国的身份极其不符。未能很好地挖掘利用我国丰富的文化资源发展民族文化产业，也是导致中国落后的重要原因。

2. 经济的全球化正再次带来文化的扩张、侵略和融合的浪潮，全球化趋势下，世界各国都已经把文化发展提升为一种国家战略。发展文化产业将直接关系中华民族的复兴。

经济全球化浪潮正席卷而来。经济的全球化如同历史上任何一次时代格局的大变动一样，再次带来文化的扩张、侵略和融合的浪潮。本国文化产业的发达与否，决定着在这场文化"战争"中角逐的输赢。发达国家对此是深有认识并大加利用的。文化产业发展被当成重要的国家发展战略，发达国家凭借其雄厚的资本及发达的市场优势，以本国成熟的文化产业，大肆向全球倾销其文化产品的同时，也就是在推广自身的价值观念和生活方式，推广自己的文化。塑造美国人英雄形象的好莱坞大片就是最好的例子。从目前西方文化日益成为主导的现实来看，这种推广的力量对国家民族乃至全人类的影响则将在不见硝烟、潜移默化中更加长远而深刻。亨廷顿提出"文明冲突说"或有其偏颇之处，但也确实反映出全球化趋势下人类不同族群、不同类型文明之间相互渗透、相互冲突，甚至强势文明压迫、左右弱势文明的一面。经济全球化带来的文化"趋同化"影响着多元文化的兴衰存亡。我们所说的在经济全球化中要重视国情需要和民族特色，实际上就是要从国家民族文化安全的高度去对待全球化问题。

中华文明博大精深、源远流长，足以和世界上任何灿烂的文明相媲美，其重视"天人合一"、人与自然和谐等独特的价值取向，"阴阳""道""气""仁""德"等深刻的思想成果，以及诗词、书法、美术等卓越的艺术创造，恰与西方文明成果形成互补，值得存在种种弊端的现代文明重新思考学习。中华文明之精华完全可以对人类发展做出新的贡献。让中华文化在新世纪发扬光大，不仅是炎黄子孙共同的理想和职责，也是人类和谐共处与共同发展的需要。世纪之交，全球化浪潮汹涌而来之际，我们面临着富国强民发展经济的重任，更面临着挖掘传播中华文化精华，传承光大中华文明的神圣使命。

文化产业既是经济发展的重要增长点，又是现代社会中文化发展的基本方式，发达的文化产业是完成上述使命的必备条件。文化产业可以改变"中国是一个资源缺乏的国家"的状况。如果仅从自然资源的角度看，中国人均资源占有量非常低，但从文化产业的角度看，五千年持续连绵的文明史为我们提供了几乎是取之不尽、用之不绝的人文资源，中国堪称世界资源大国。随着中国文化产业在世界发展中的地位提高，这些文化资源将会越来越具有经济开发的价值。特别是中国即将加入 WTO，为文化产业的发展带来了巨大的机遇与挑战。

总之，中华民族的伟大复兴，说到底要靠国力的强大和文化产业的发达。从某种意义上说，文化产业的制造能力和传播能力，将决定我们这个民族在世界上的影响能力。文化的最终意义，其实并不是对抗，而是融合，但是融合的前提，是双方都具有强盛、平等的地位，弱势文明被强势文明所彻底消灭的例子，即使到现代也能看到。我们必须抓住机遇，从关系民族复兴的战略高度来认识大力发展文化产业的深远意义。

3. 要发展和传播先进文化，就必须要增强文化的制造和传播力量。而发展文化产业，正是建设先进文化的必然要求。

江泽民同志在"七一"讲话中系统地阐述了"三个代表"的思想。"三个代表"既互相独立，又浑然一体，是我们党在现代意义上执政的经典阐述。什么是先进文化的前进方向？说到底就是要在发扬光大中华民族优秀的传统文化的基础上，学习和借鉴世界各民族的优秀文化成果，而要保证我党代表先进文化的前进方向，除了党自身的明确认识和具体措施外，从根本上说要依赖生产力的高度发达和文化自身的制造能力和传播能力。因为发展有中国特色的社会主义文化，不可能是在一个封闭的环境中进行，而必须面对科学技术迅猛发展和综合国力的急剧增长，面对世界范围内各种思想文化的相互激荡，面对小康社会人民群众日益增强的文化需求。光是辨章学术、考镜源流是不行的。要保存传统文化，首先必须发展传统文化。发展文化的根本还在创新，创新是先进文化建设的灵魂。没有创新，没有开源，所谓的先进文化就很难实现或保持其先进性。而之所以要把先进文化建设与文化产业发展联系起来进行论述，原因就在于，文化产业的壮大是先进文化得以创新、得以广布的重要推动力量。大力发展文化产业是落实总书记"三个代表"思想的必要措施，必须要从把握先进文化前进方向的政治高度，来理解文化产业发展的战略意义。

二、在文化产业的发展环境、发展方针、发展步骤上都有误区，绝不能陷入误区

必要的理论是应该的，在文化产业方面，首先必须进行理论上的补课和普及，这是当前文化产业诸家纷起、海嘶潮涌的意义所在。但是，光有这种一般意义上的理论阐释又是远远不够的，实际上，除了有数的几本专著以外，今天的文化产业研究还只是拾人牙慧的阶段，甚至是在按照旧有的思维模式去议论新事物。可以看得出来，比较普遍和共同的一点，是有不少文章和著作，还在旧有的文化管理体制和模式的前提下，去阐述文化产业的发展。而所提出的某些措施，还存在着浓厚的小生产意识和封建意识。我们注意到，很多的操作措施并不符合我国改革开放的大方针。那么文化产业究竟

要做什么呢？

第一，必须认清：任何具体措施和行动，都没有完备的法律环境重要。良好的政策法律环境是文化产业发展的重要保障。这种环境应该在原则上和 WTO 相吻合，而在操作上是符合中国目前的国情的。回避这些基本原则，将使我们在加入世贸以后，也会手足无措，甚至变得惊慌失措，把事情从一个极端引向另一个极端。不符合中国的国情则可导致我国的文化产业不能得到有效的保护，不能争取更多的时间壮大发展自身。我们所需要的不仅仅是由中央某个部门所提出的什么规定，什么方针，而是真正的法律。即使就全国而言，统一的法律暂时不能完备地推出，各省、市也应根据自己的情况，在中央政策允许的前提下，制定自己具体的法律规定，也许这在目前是更加行之有效的办法。中国地域的广阔性和经济发展的不平衡决定了这一点。应该像抓高新技术产业一样，在全国乃至各个省市推出实质的法律文件。更重要的是，这些法律的意义在于创造文化产业健康有序发展的环境，在这个环境里，各种门类的文化产业都可以得到健康和自然的发展，使我们的文化产业不仅仅是中国的，也是世界的。说到底，文化产业能不能迎来发展的春天，决定于法律所给予的气候如何。法律同时是对各种想当然的主观臆想的各种所谓规定、所谓行动、所谓狭隘道德力量的制约，也是对文化产品生产中的文化垃圾的制约。可以断言，如果我们在当前不能充分认识制定我国文化发展方面的有关法律的必要性和紧迫性，并主动推出实质性的成果，我国的文化产业发展将遭受巨大损失。

第二，在文化产业的发展上，也必须坚持改革开放的方针，消极的抵抗没有出路。许多的论著不期然地、自觉或不自觉地把我国加入世贸看成对我国文化事业和产业发展的一次灾难。真是可笑之极。既然是灾难，我们还加入它干什么？因此，他们所说的出发点，都是一味地抵御，比如外国的发行机构进来了，如何抵御；影视产品进来了，如何抵御；外国在中国开展的文化制造业工厂如何限制，等等。而在我们一方，则是如何握紧拳头，联合起来共同抵抗。这在理论和实践两方面都陷入了极大的误区。如前所言，必要的政策和法律保护是必需的，这在各国，即使是发达国家也都如此，何况我国是发展中国家。但是，作为行动准则和具体的经营操作，我们不能一味地严防死守，更不能把中国的文化产业和世界的文化产业截然地对立起来，因为这违背开放方针，是纯粹的人为操作。事实上，在市场经济的海洋里，人为撮合出来的企业只是一叶小舟，并不能真正地搏击风浪。在中国加入 WTO 的背景下，我们不仅要把资源开发的范围从国内扩展到国外，而且要改变资源配置的方式，即从行政命令为主导的资源配置方式逐步地转向以市场为导向的资源配置方式，从传统文化体制内的资源配置逐步转向全社会的资源配置。尽管在一定时期内，用行政手段调动体制内的资源更直接、更有效，但在文化产业发展过程中，政府应该避免既当运动员又当裁判员的角色，而应当在加强政策导向的前提下利用市场手段来强化资源的优化配置。即使是国有的文化单位和文化产业，也必须在积极的法律和政策允许的范围内，本着逐步放开的方针，努力地寻求与国际资本合作发展的模式，而不能变成一方面是国际资本的进入，是国际资本与中国民营资本的结合，另一方面则是一成不变的旧有管理模式条件下的国有资本的孤立抵抗，那就南辕北辙了。我国改革开放所取得的成功经验证明，对于改革开放总方针落实得越彻底、态度越坚定，其最终取得的成效也就越大，畏首畏尾办不成事情，甚至会办砸了事情。

第三，可以设想建立中国文化产业发展的试验区。基于此，是否可以考虑，除了一些行业加入世贸以后基本放开或彻底放开，一些行业适度放开或不放开以外，借鉴我国进行经济特区试验的办法，在一些地区，主要是发达地区，除必要的限制外，在文化产业方面进行一次性到位的与国际惯例的衔接。例如，在几个经济特区作这种试验，看到底情况如何，给予试验的权利，搞不好再作政策调整。这种试验的必要性和意义在于给整个中国文化产业发展探路，创造可供借鉴的先导性经验，进而逐步推开，带动促进广大内陆地区文化产业的发展。否则，在全国范围一步到位地与国际惯例相衔接，震荡和风险会加大。因此，这种试验也正是从中国稳定的大局出发来考虑的。当然，即使是就试验而言，也必须要符合中国的国情，符合国家的整体文化政策。

第四，必须强化对国有文化产业的改革力度。像其他产业一样，我国的文化产业无论从规模还是管理方面与发达国家相比较，都是落后的，既小且弱的。既然落后，就要改革，这种改革一方面当然是把它进行联合和努力做大，但根本上则是要注入新的理念、手段和资本。除了党和政府主要控制的以外，除了与国家安全密切相关、不能开放的以外，都要大刀阔斧地进行改革。在市场准入方面，要允许非国有文化系统的各类市场主体采取股份合作制形式或其他投资方式进入部分原属国有资产的经营领域，调整现有的不平衡的单极发展状况，壮大民营文化产业力量，形成多种形式的文化经济利益关系。我国国有企业改革的经验和教训给了我们这方面的启示。许多当时看来很雄强的国有大中型企业由于错失改革良机而负债累累，成为大包袱。也许特定历史条件和特殊情况使然，但不应该重演。现在没实力不见得永远没实力，因为我们的管理模式和管理手段可以通过改革的方式加以完善，而资本总量可以以增值的方式做大。而最可怕的就是等待观望，抱侥幸心理，今天的侥幸心理将是明天的惨重代价。有步骤地、积极主动改革比起被动地一拖再拖，其结果是截然不同的。

三、发展文化产业的根本目的是代表先进文化的前进方向

可以预期，随着加入世贸，我国的经济活动必将在残酷的国际一体化竞争中，经受一轮又一轮的较量，而我国的综合国力也必将迅速壮大，使我们在国际舞台上展示风姿。同样的，我国文化产业的发展在经过同样的洗礼后，也必然奏出雄壮的乐章。文化最终将走向世界，中国共产党人所代表的先进文化的前进方向必将影

响全球。这是一切正直和高尚的共产党人必然追求的目的。就具体的文化产业发展而言，我们大致可能经过这样的几个阶段：

首先是环境创造阶段，即国民和政府对文化产业重要意义的认识逐步加深，政策和法律的制定日益完善，文化产业自身结构的调整逐步到位，等等。

第二个阶段是主体文化产业即国有文化产业进行改革、调整及与国际文化产业进行交锋、融合的阶段。这个阶段主要解决的是规模问题、管理模式问题和资本来源问题。

第三个阶段则是国内文化产业迅速壮大，管理模式日臻完备，民间和国际资本占有相当份额，而中国的文化产业进入世界并产生广泛影响的阶段。这实质上不仅仅是一次产业的融合，而是对中华民族优秀文化进行严峻的评估和选择的过程，是我们党文化工作方针的检验和光大的过程。

发展文化产业，当然有经济的目的，是为了培植更具活力的经济增长点，但从长远看，更有其不可替代的文化和政治意义。面向新世纪，要实现中华民族的伟大复兴，要代表先进文化的前进方向，就必须要在文化方面有更大的抱负和作为，要把文化建设作为党的建设和国家发展的重要方略贯彻始终。而这正是我们发展文化产业的根本目的所在。只有建设领先世界的文化产业，我们所建设的文化才能保持先进性，我们所复兴的中华文明才能具备与世界发达文明进行对话的资格与能力。肩负着这一光荣而艰巨的历史使命，中国文化产业的发展将任重道远。

十三

国家创新战略的文化支撑

中共中央关于"十三五"规划的建议，把创新置于未来发展的五大关键词之首，上升为国家发展战略的核心，具有重大意义。如果说改革开放是决定当代中国命运的关键一招，那么，创新就是中华民族走向复兴的必由之路。没有持续的创新，就没有持续的发展，也就难以实现民族伟大复兴的梦想。

当我们考察世界各国创新能力、创新历程和效果的时候，会发现巨大的差异。全世界都认识到创新的重要性，为什么一些国家一直走在创新前列、引导着创新潮流，而一些国家则只能蹒跚而行，甚至因为创新导致动荡和挫败？这除了与各国具备的一般性创新要素：资本、科技、市场、集成能力、制度等有直接关系，更重要的是背后隐然存在的文化差异。文化的形态不同造成了国家创新能力的迥异，国家创新战略根本有赖于文化的支撑。遗憾的是在创新理论研究方面，对文化的重要性还缺乏系统的论述。

大略言之，国家创新战略的文化支撑主要体现在以下八个方面。

一是提供支撑国家创新战略的核心价值。各国所崇奉的核心价值直接关乎创新的地位和能力。卡尔·雅斯贝斯在《历史的起源与目标》中指出，"自从西庇阿时代以来，人文主义成了文化意识的一种形式。西方国家在不断的突破中，各民族轮换地拥有属于他们各自创造的时代，整个欧洲也在突破中获得了它的生命。而中国和印度总是在延续它们自己的过去时存活。"

卡尔·雅斯贝斯对中国的评论已经过时。中共中央在"十三五"规划建议中提出，"创新是引领发展的第一动力。必须把创新摆在国家发展全局的核心位置，不断推进理论创新、制度创新、科技创新、文化创新等各方面创新，让创新贯穿党和国家一切工作，让创新在全社会蔚然成风。"这就是我国创新战略的核心价值。

联合国教科文组织在其所发布的相关报告中，除了反复强调文化是人类发展的最高目标，还更进一步指出，就当下而言，文化还是今天人类可持续发展的关键。联合国发展峰会通过的"2015年后发展议程"，也明确把文化作为可持续发展的基础。美国、以色列这些国家之所以成为全球创新的中心，是因为其背后有强大的文化支撑。所以，实现国家创新战略绝不是单一的科技驱动。科技驱动、文化驱动、制度驱动和市场驱动是创新的四大驱动力。只有打造创新型、智慧型、包容型、力量型文化，创新才能形成规模和可持续性。

我们还要注意到，文化的核心价值不仅是创新的根本推动力，也为创新设置了人文边界，也就是哪些是可创新的，哪些是不可创新的，比如那些反人类、反生态的所谓创新行为，就应该坚决抵制。文化为创新注入人文关怀，这也是文化对国家创新支撑作用的一个突出表现。

二是提供支撑国家创新战略的心理定势和新的传统。心理定势就是心理上的定向趋势。由于所接受的文化习惯和教育的不同，小到个体之间、大到民族的心理定势都有着相当的差异，由此而形成不同的文化传统。从人类历史来看，中华文明作为唯一没有中断的延续性文明，历经分裂与灾难而屹立不倒，靠的就是中华民族生生不息的创造能力及优秀的心理定势和传统。

但毋庸讳言，我们的文化中也有较多的落后与保守理念所造成的心理定势和习惯。中国人的崇古心理、效法心理、趋同心理，"彼偏我正、彼夷我中"心理，以及"不敢为天下先"的祖训，都曾使我们丧失了创新发展的良机，甚至造成深重的灾难。我们必须适应外部环境的变化和挑战，形成新的传统、活的文化。

创新与好奇心、想象力、创意、发明等密切相关，包括：以开放的思维解决问题的能力；勇于承担智识风险、尝试以新的方式探讨问题；具有实验的精神；具有自我反思与不断学习的能力。其根本在于反思能力和批判精神。这往往是一个历史颠覆过程。敢于质疑既成事物，敢于重新解构和阐释，创造新的方法，把"期然"变"应然"，形成新的心理定势，是解决我国创新体系动力不足的关键。

三是提供支撑国家创新战略的观念指引。国家创新战略涉及全方位创新，尤其需要观念的引领，如此才能使民族创新形成汪洋恣肆之势，而不是局限于个别领域，这是人类发展史上的铁律。文艺复兴引领的欧洲各国如此，北美新大陆的迅速崛起如此，中国近百年发展尤其是改革开放的历程更是如此。

改革开放本身就是与时俱进、思想解放的产物，它所高扬的变革旗帜对国人的思想激荡及其所引起的连锁反应，为后来取得的伟大成就奠定了基础。而作为其中的杰出代表，深圳特区之所以能在改革开放中异军突起、大放异彩，原因固然有很多，但首要的是新观念的引领，这里首先生长观念，然后才生长高楼大厦，百业兴旺。从某种意义上说，深圳十大观念就是创新的十面旗帜。一句"来了就是深圳人"，不知温暖了多少创新创业者，包容了多少奇思妙想之士；一句"鼓励创新、宽容失败"，不知给多少人吃了定心丸；一句"敢为天下先"，更使深圳人成为领航时代的勇士；一句"实现市民的文化权利"，不知使多少人获得了思想和创造的平等，这种包容气度是难能可贵的。还有，"改革开放是深圳的根、深圳的魂""深圳与世界没有距离""时间就是金钱，效率就是生命""空谈误国，实干兴邦"等，无一不是时代观念的引领。很显然，深圳观念的例子，放在国家创新战略层面上同样是成立的。

四是提供支撑国家创新战略的创新自觉、创新自信、创新自强。文化历来都不是一成不变的，它总是处于不断的流动当中，并在流动中实现推陈出新，创造历史前进的新动力。当年，为了推动深圳文化的快速繁荣发展，为一个新兴城市寻找文化自信、自觉、自强的理论根据，我们提出了文化流动理论。这个理论曾经为深圳文化事业、文化产业的大发展贡献了理论根据和实现路径，促成深圳文化在国内竞争中一直居上游之势，成为文化立市的支撑。今天，同样可以说，文化流动理论一样可以作为国家创新战略的重要支撑，使我国寻找到创新自觉、创新自信、创新自强。

文化流动论与文化积淀论并不是"有你无我""我对你错"的关系，而是观察文化本质和作用的两个角度。文化流动论强调文化横向和纵向流动的本质，强调文化发展不仅仅取决于存量，更取决于增量的本质，强调文化流动带来的广泛的经济和社会意义，强调文化流动对挑战边界、推动创新的重要作用。我们当然也不能忽略文化积淀的意义。简言之，积淀的意义在于：第一，文化积淀下来就是文明；第二，文化积淀是文化传承的基本方式；第三，文化积淀是民族和国家的根本凝聚力；第四，文化积淀所形成的传统与习惯对每一个人的影响无与伦比。因此，在国家创新战略中，一方面要强调文化流动的意义，在各种文化乃至信息的流动、碰撞、交流中去获得创新的推动力和无限灵感；另一方面，也要光大五千年文明古国的文化积淀，守住中华民族的根脉。

五是锻造国家创新战略所需的企业家精神。创新理论创始人熊彼特认为，创新活动之所以发生，是因为企业家精神的存在："典型的企业家，比起其他类型的人来，是更加以自我为中心的，因为他的独特任务——恰恰在于打破旧传统，创造新传统。"熊彼特所说的这种"打破旧传统，创造新传统"的企业家精神，是文化浸润的结果。自确立社会主义市场经济以来，我国整体创新能力之所以得到很大的跃升，其实是与新型的企业家群体及企业家精神密不可分的。

文化所培育的企业家精神主要体现在：发现和创造机会的能力、塑造团队文化的能力、不断挑战边界的精神、资源整合和集成的能力等。特别是文化可以让企业家摒弃不择手段的急功近利，铸造"企业家精神"的三要素：第一，建立一个"王朝"的梦想；第二，追求成功的"征服的意志"与"战斗的冲动"；第三，改革、冒险的欢乐。

深圳的华为、中兴、华强、腾讯、华侨城、万科等影响海内外的企业群体的崛起，绝不仅仅依靠科技创新，企业家们的创新观念、人文情怀以及企业文化的凝聚力创造力，都是至关重要的。

六是培育国家创新战略所依赖的创新创意阶层。创新创意阶层对于我国创新体系建设的意义极其深远。美国学者佛罗里达早就注意到，当代社会，知识和创意或人力资本、人才正在替代传统的自然资源和有形劳动，成为财富创造和经济增长的主要源泉。文化在创新创意阶层培育中具有不可替代的作用。

首先，"文化＋"催生创新创意阶层。所谓"文化＋"，就是以文化为主体或核心元素的一种跨业态融合，它代表的是一种新的文化经济形态，即充分发挥文化的作用，将文化创新创意成果深度融合于经济社会各领域，形成以文化为内生驱动力的产业发展新模式与新形态，其实质是要实现内容、市场、资本和技术等关键要素在文化产业发展中的聚集、互动、融合和创新。

"文化＋"与"互联网＋"有两个相似点：第一，它们都是产业转型升级的重要手段。前者为产品注入更多的设计元素和人文内涵，提升附加值；后者则以先进的科技手段优化生产要素。第二，它们都是大众创业、万众创新的主战场。两者都无处不在、无远弗届，没有任何门槛，更没有任何职业、年龄、学历的限制，只要创意符合社会需求，谁都可以使用，谁都可以创造。创新创意在这里水乳交融，知识、艺术、财富在这里相互转化。近年来，我国文化产业跨地区、跨行业、跨所有制发展，极大地推动了"文化＋创意""文化＋科技""文化＋金融""文化＋旅游"等新兴业态的形成，成为文化经济创新发展的最大内驱力。更重要的是，在"文化＋"模式驱动下，文化产业实现了跨界融合、跨越发展，有力催生了各行业创新创意阶层的崛起。就以深圳而言，各类设计师和创意人才这些年的总人数都在急速增长，目前已达到 40 万人左右。这个群体每天都在迸发奇思妙想，创造出形态各异的各种产品。

其次，文化多样性养育创新创意阶层。文化的多样性在吸引创意人才以及支持高科技产业发展和城市经济增长方面，具有关键作用。经济学家很早就注意到，多样性可以提高一个城市养育创意人才的能力。一个具有文化多样性的城市，在吸引创意人才和人力资本中具有截然不同的优势，从而可以孕育、滋养创新创意阶层。而能留住这些创意群体的地方，可以产生更多的创新，从而实现良性循环。

七是为"大众创业、万众创新"提供实现空间和环境支撑。大众创业、万众创新的发展理念一经提出，就受到国内外和社会各界的关注。据国家工商总局统计资料显示，2014年3月至2015年2月，全国新登记注册企业数量为383.23万家，平均每天新诞生企业1.05万家。时间虽短，但影响巨大。世界知识产权组织（WIPO）在2015年版《世界知识产权指标》中称："2014年全世界创新者共提交了约270万件专利申请，比2013年增长了4.5%。中国的申请量是推动2014年增长的动力。受理量位列前茅的专利局有中国，申请量为92.8万件，随后是美国（57.8万件）、日本（32.5万件）、韩国（21万件）和欧洲专利局（15.2万件）。"对此，《瑞士商报》网站评论称，"中国充满发明家精神，中国主要靠复制西方产品引起关注的时期早已结束，眼下全球近 1/3 的专利申请来自中国。"可见，"双创"不但创造出令人惊异的经济价值，基本解决了令人忧患的就业问题，促进了经济转型升级，而且赋予国家创新战略以全民意义。传统的创新理念往往把目光锁定为各行业的专门研究者和极少数的部门精英，一般的民众也认为创新与己无关。"双创"的提出与实践，彻底颠覆了这个观念。李克强总理指出，"国家繁荣发展的新动能，就蕴涵于万众创新的伟力之中。当前中国现代化建设正处于关键时期，将坚定不移地走创新驱动发展之路，使人人皆可创新、创新惠及人人。"正如凯文·阿什顿在《创造》一书中指出的，"创造就在日常生活之中，创造就是人类，创造就是我们所有人，创造就是每一个人"。

文化对大众创业、万众创新的支撑，可以从两个方面解读，一方面新的广泛的创新创意阶层是依靠文化孕育并提供广阔空间的，全体国民也迫切需要提高文化素质，才能更主动地投入"双创"；另一方面，大众创业、万众创新绝不仅是解决当下的经济问题，而是能够锤炼出更高的国民素质、改善中华文化的基因，使我们在民族文化中自强不息、"苟日新，日日新"的基因发扬光大。当然，大众创业、万众创新作为一个整体号召，才刚刚开始实践，不能期待一切都那么完美。正如有些学者指出的，要摒弃运动式的思维惯性、大跃进的急功近利的心理和从众的狂热心态，建立有序、理性、可持续发展的社会机制。

此外，大众创业、万众创新一定要有一流的文化服务，否则就无法提供创意和新技术、新发明所需的温床，也留不住人才，最终导致创新也不可持续。

八是营造国家创新战略所需的"鼓励创新、宽容失败"的氛围。前面提到"鼓励创新，宽容失败"是深圳十大观念之一，为特区改革创新提供了丰厚的精神土壤。假如说"鼓励创新"是深圳成功的根本，那么这仅是深圳精神的一个方面，在"鼓励创新"的同时，"宽容失败"似乎更加深刻。改革开放以来，很多人在深圳成功了，但更多的不为我们所知的人失败了。而深圳的魅力正在于，不管是成功还是失败，都予以包容，因为只有宽容失败，才构成创新与成功的前提和基础。而"鼓励创新、宽容失败"，正是许给那些敢于创新者的庄严诺言。风气决定命运，对创新创意者更是如此。国家创新战略要取得成功，必须一方面在文化观念上形成"鼓励创新、宽容失败"的社会共识和良好风气；另一方面在制度设计上也要予以实质性的推动，尤其是"宽容失败"方面，它不仅体现于语言的慰问，或投以同情的目光，还应对创新失败者给予实质性支持，这也是国家创新战略的题中应有之义。

总之，文化的力量，可以让一个默默无闻的城市变得声名远扬而富有魅力；文化的力量，可以把一个守成的民族改造成一个创新的民族；文化的力量，可以把一个一度落后于世界历史进程的国家变成一个引领人类文明的国家。在今天的中国，文化的力量，伴随着国家创新战略的深入实施，伴随着文化改革创新的不断推进，必将生生不息地释放自己的强大能量，助力中华民族走向伟大的复兴。

（本文刊载于 2015 年 12 月 30 日《中国文化报》）

附录一

文化产业是"大众创业、万众创新"的主战场

——王京生答记者问

经过 11 年的发展，文博会已成为"中国文化产业第一展"，依托文博会这一文化创新的平台、文化圆梦的舞台，深圳的文化创意产业实现了跨越式发展，城市文化欣欣向荣，充满生机活力。

在这一进程中，深圳多年来的探索和积累的经验，引起了中央媒体的热切关注。2015 年 5 月 14 日，受市委、市政府委托，深圳市委常委、宣传部长、文博会总指挥部总指挥王京生应邀接受了《人民日报》、新华社、中央电视台、中央人民广播电台、《光明日报》《经济日报》等媒体的联合采访。

"10 年之间，伴随着文博会的发展，深圳文化创意产业增加值增长了 10 倍，速度非常快"，王京生是文博会的策划者和执行者，他分析，从国家大背景看，这得益于中央推动文化建设的种种探索，包括深化文化体制改革、推动文化产业和文化事业两翼齐飞、为中华文化"走出去"制定一系列国策等。从城市本身来看，这得益于深圳这座城市的禀赋和气度、担当和梦想："深圳是经济特区，一直在为中国的改革开放探路；深圳是一座移民城市，她最年轻、最有朝气、最富有理想和梦想，为创意、创新、创业都提供了肥沃的土壤。"

《人民日报》：

现在，改革进入深水区，文化产业如何升级发展，有哪些难点，下一步的方向在哪里？

| 答 |

王京生：

现在，文化体制改革进入了攻坚阶段，这些年，中央关于文化体制的改革走得非常稳健，推动得也非常有成效。改革进入深水区，对文化产业而言，是一个非常好的机遇。

第一，携前期改革雷霆之势和丰硕成果，现在，正是文化产业大有作为的时候。随着简政放权的推进，市场活力进一步释放，文化产业发展将继续受益。第二，从产业发展的特点来看，其他产业遇到困难时，文化产业极度活跃和被激活，2008 年的金融危机是最好的一个证明。文化产业可以凭借独特的产业价值链、快速的成长方式及广泛的渗透力、影响力和辐射力，不仅成为全球经济和现代产业发展的新亮点，也构成我国转型发展的重要方向。

现在，应该利用中国产业的转型期，在新常态下更好地做大做强文化产业。首先，要按照中央的要求转型升级，大力发展"文化＋"的模式，推动文化产业和其他业态积极融合，这不仅是文化的幸事，也是其他业态的幸事。二是，抓住中国新型城镇化的机遇，大力推动文化产业的发展，提升城市文化品位、创新活力，最终成就城市发展的一流质量。三是，利用中国国力日益强盛的机遇，在"一带一路"的国家战略推动下，加快推动中华文化走出去。

| 问 |

新华社:

从深圳的实践来看，文化产业对创新和创业有什么样的作用？

| 答 |

王京生:

李克强总理提出"大众创业、万众创新"，我们认为，文化产业是"大众创业、万众创新"中最重要的领域，是"主战场"，是大有可为的领域。"文化+"的模式，使所有想创业创新的人都可以在文化产业中寻找到自己的机会，展现自己的才华，是包容性非常大的一个领域。比如说创意无大小，是文化产业的灵魂，深圳有条观念"文化深圳，以创意为代表"，鼓励市民大胆创意。创意没有任何的职业、年龄、学历的限制，只要你的想法符合社会需求，只要能和文化以及各种业态相结合，能推出产品，受到欢迎，都可以展现。

可以说，文化创意产业是"大众创业、万众创新"最好的舞台，也是最广阔的空间，几乎每个人都可以参与，非常符合中央的希望和要求。这种创业和创新，从长远看，不仅是催生新业态，解决文化产业发展问题，更重要的是对中国传统文化有巨大的推动作用，比如促进儒学的返本开新。从这个意义上来讲，大众创业、万众创新对民族文化发展将有巨大的推动作用，甚至会是改造、提升。

当前，可以通过积极开展各种创意活动、创客活动，进一步激发文化产业的活力和能量，文化产业将迎来全新的发展前景。

| 问 |

中央电视台：

文化产业何以成为深圳的支柱产业，有什么原因和背景？

| 答 |

王京生：

从客观上看，文化产业成为深圳支柱产业，有国家推动文化发展和文化体制改革的大背景，有深圳作为改革之城移民之城的无限创意能力与担当精神。从主观上看，有四个方面原因：

第一，得益于深圳十几年前就提出的"文化立市"战略。一个经济特区，在十几年前提出"文化立市"，需要胆识、需要气魄。文化立市，意味着把文化作为城市发展的重要基础、支撑点，作为根本目标，把文化作为城市发展之魂和城市血脉去营造，为文化产业发展起到了决定性作用。这个战略，迄今还影响着城市的发展，也昭示着这个城市更加远大的未来。

第二，得益于深圳在文化产业发展中找到了一种成功的发展模式，即"文化＋"模式。深圳文化产业之所以能够快速起飞，在于一开始没有就文化而论文化，没有在文化自身的窠臼之中发展文化产业，而是积极主动地把文化和其他业态有意地主动嫁接和推广。比如说，深圳高新技术的发展，为文博会、文化产业增加了科技含量，推动"文化＋科技"成为深圳文化产业鲜明特征，深圳最早推出"文化＋科技"概念，影响和推动中央提出科技与文化的融合。原来，我们说文化和科技是产业发展的鸟之双翼、车之两轮，而今天，文化和科技是"互为表里"，科技里有文化，高科技必须融合文化因素，产品才更有品质，而文化想做得更尖端，一定要利用高新技术成果。

后来，深圳又探索出"文化＋旅游""文化＋金融""文化＋创意"等，今天来看，"文化＋"模式是深圳文化产业发展的成功模式，是深圳为中国文化产业发展做出的巨大贡献，如同"互联网＋"一样，互联网如果代表着科技和各种业态可以相加的话，文化也有这样的普遍适用能力。今天这个时代"文化＋"的模式，不仅铸造了一种新的产业模式和商业模式，更重要的是改变了人们的生活，改变着整个业态。如果各行各业都有"文化＋"，那么，我们的生活品质、社会品质、人的素质，都会有很大提高。

第三，得益于文博会的平台。文博会是国家文化走出去的最重要的战略平台，也是中国文化在国内进行整合交融、相互提高、相互激荡的一个平台，这是一个国家行为。文博会设在深圳，但实现的是国家的战略意图，是为国家搭建的。运作好这个平台，是城市的文化自觉和担当。深圳对文博会平台的经营，没有辜负国家的希望和要求，我们把这个平台搭得很好，每年的成交量表明了中国文化的蓬勃发展，而且文化输出能力在不断增加。深圳很好地发挥了文博会的功能，提升了城市的整体文化水平，文博会成了深圳文化产业的总的动员机构、动员平台和展示平台，调动了从市、区到街道，以及每个对文化产业有兴趣的人的积极性，最集中的一个表现就是文博会分会场的设立。深圳把文博会的主会场和分会场联合设置，之间的作用是互相支撑。所以，文博会从第一届时只有大芬村一个分会场，发展到现在第十一届里的61个分会场，这个过程生动展现了文博会对深圳本地文化产业的拉动作用，同时反证了深圳文化产业对文博会的支撑作用，两者相得益彰。

第四，得益于一系列政策措施，保障了文化创意产业的发展。

两个客观条件与四个主观条件，推动深圳文化产业从弱到强，迅速腾飞成为支柱产业，也推动深圳成为中国文化产业发展的领头羊。

| 问 |

《经济日报》：

深圳文化创意产业十几年来的快速发展，乃至深圳今天的文化繁荣，离不开许多人不遗余力地推动。您觉得，深圳文化发展中最值得总结的成果有哪些？

| 答 |

王京生：

　　文化创意产业的发展，应置于构建一个新兴城市文化发展的整体框架中。谈及深圳文化发展的战略，我们概括为"一个基础理论、两个基本支柱、四型文化"。

　　"一个基础理论"，就是文化流动理论。恰恰是文化流动理论，使深圳拥有了文化自觉、文化自信和文化自强。文化流动理论是对传统的文化积淀论的一个批判，我们强调，文化的发展，不仅仅是取决于存量，更重要的取决于它的增量，而增量是可以依靠人来创造的。文化流动的速度，决定了一个城市文化繁荣的局面和它的影响力。

　　"两个基本支柱"，是"实现市民的文化权利"和"捍卫国家的文化主权"。前者讲的是"以人为本"，后者讲的是"以国为基"。实现市民的文化权利，包括了市民文化享受、文化参与、文化创造以及创造成果受保护的权利。捍卫国家的文化主权，是因为文化主权的崇高、尊严和不容诋毁，是我们必须要坚决维护的，通过国家主权的张扬来拓展国家利益。作为大型城市，必须主动承担国家的战略，国家的战略是中华文化走出去，文化走出去的基本载体是什么？就是文化产业、文化产品。因此，深圳就要在这方面积极动脑筋去发展。这两个支柱，是指导文化产业和文化事业发展的战略性理论。

"四型文化"，即创新型、智慧型、包容型、力量型文化，是深圳努力打造的城市主流文化。我特别强调力量型文化，当下，我们需要什么样的文化繁荣？并非所有的文化繁荣都是国家兴旺的标志，我们要摒弃那些歌舞升平、消磨斗志、消弭血性的文化，我们需要的是力量型文化，强调的是秉性的刚健、意志的坚忍不拔，是充满朝气蓬勃、昂扬锐气、浩然正气和阳刚之气。

文化产业的发展，不仅仅是文化本身的事，还要考虑整体氛围。深圳发展文化产业，离不开"深圳十大观念"的指引。十大观念倡导"鼓励创新、宽容失败""敢为天下先"都和文化产业有关，还有"实现市民文化权利""让城市因热爱读书而受人尊重"等，也为产业发展提供了人才资源和高素质的市民。深圳举办了15届的读书月、举办10届的创意12月、举办800多场的市民文化大讲堂等，都是在文化与城市的激荡中，营造健康成熟的文化氛围。

《光明日报》:

深圳推动文博会发展和文化创意产业发展的经验做法,值得全国学习,在这一过程中,党委、政府发挥了什么样的作用?

———————

| 答 |

王京生:

可以用"三个者"来形容。

首先,政府是倡导者,在各种产业业态都在发展时,深圳率先提出把文化产业作为支柱性产业,这是党委、政府高瞻远瞩的战略决定。

其次,政府是站台者,是为文化产业"站台",但不是主角。在文化产业发展中,政府永远不应该当主角，但应该当站台者，在产业发展需要支持帮助时，要第一时间站出来。有这样的站台者，可以提振企业的信心，增加产业发展的凝聚力和影响力，尤其是当我们提倡一种新业态时，站台者的作用至关重要。

第三，政府是守护者。当文化企业遇到什么问题时，需要政府全天候24小时的排忧解难，文博会一年就举办几天，但全年都在准备，整个政府机构都在运作，都在提供支持。守护的内容，包括政策的制定，也包括为企业发展提供支持。

| 问 |

《深圳特区报》：

您提出，文博会可助推中国文化"打包"走向世界，经过十年发展，文博会磨砺出了一把闪耀的"中国文化产业之剑"，而深圳是"剑锋"。那么，深圳是如何成为"剑锋"的？此外，文博会对深圳的影响，不仅是产业方面的，它对于城市发展以及市民文化品位的提升，发挥着怎样的作用？

| 答 |

王京生：

良工锻炼凡几年，铸得宝剑名龙泉。龙泉颜色如霜雪，良工咨嗟叹奇绝。文博会"十年磨一剑"，磨砺出的是一把"中国文化产业之剑"。十年铸剑，全国都在铸，深圳为什么能成为"剑锋"？

第一，深圳担负着中国改革开放的试验田和排头兵的作用，文化发展是其中应有之义，深圳还是中国文化体制改革的首批试点城市，四次荣获"全国文化体制改革先进地区"的称号。

第二，深圳在全国率先提出"文化立市"战略，体现了高度的文化自觉，而且探索出"文化＋科技""文化＋创意""文化＋旅游"等一系列产业发展新模式。

第三，从发展速度看，十年间，深圳文化创意产业的增加值增长了10倍。

第四，深圳有文博会这样一个无与伦比的大平台，聚天下之财、聚天下之力，深圳可以争当中国文化产业发展的"领头羊"。现在，深圳本土文化产业已发展起来。2014年，分会场成交量占了总成交量的将近一半，换言之，这半壁江山也体现了国家的战略行为。现在，深圳文化产品走出去占了全国的1/10，体现的也是文博会对本地文化产业的拉动作用。

现在，在"一带一路""大众创业、万众创新"背景下，深圳市各级党委、政府和民间正共同发力，为文化创意产业发展营造非常好的环境。

说到文博会对城市的影响，文博会提升了市民对文化的关注度，也进而提高了市民的素质与品位。文博会还为深圳市民创造了一个"文化狂欢节"，在每年的文博会期间，深圳人扶老携幼，涌进主会场和分会场，欣赏、品鉴、浏览、淘货，大家津津乐道、流连忘返。文博会，还使全国乃至世界进一步认识深圳，2015年文博会吸引的海外采购商就达到了1.8万名，文博会扩大了城市的影响力，吸引更多有识之士纷至沓来。

（本文由翁惠娟整理）

附录二

为中华文化复兴
创新探路

改革开放 30 多年里，深圳的文化发展取得了巨大的成功。2013 年初，《人民日报》（海外版）就深圳文化发展的议题对广东省委常委、深圳市委书记王荣进行了专访，引发舆论广泛关注。为进一步探寻深圳"文化奇迹"的密码，该报记者对 10 年来一直主管深圳文化宣传的市委常委、宣传部长王京生进行了专访。

主要观点摘要：

没有观念领先，没有高度的文化自觉，就不可能有深圳文化改革创新发展的实践，观念的力量是深圳文化发展的内在动力。

绝不能依赖于所谓历史文化的底蕴和沉淀在今天爆发出奇迹；人是文化的基本载体，只要有人的地方就有文化，流动人群是流动文化的承载者，文化奇迹的创造者。

城市的文化竞争，是文化存量的竞争，但更是文化增量的竞争。

当前，全球化深入发展，消费型文化野火蔓延，重建我们城市的精神文化传统，是我们当前城市文化建设的重要任务。

深圳的文化影响并不依赖于原有的历史

文化资源，是它新鲜的文化创造大放异彩。所以，我们完全可以期待一种独特的、体现时代精神的"深派"文化的出现。

深圳文化的实践探索是"国家立场"的"深圳表达"，它的意义和价值就在于为"文化强国"和中华文化复兴创新探路。

一、观念的力量引领文化前行

| 问 |

记者：

作为曾经被称为"文化沙漠"的年轻城市，深圳文化却在短短的30年里取得了巨大的成功，引领当前文化发展的潮流。请问深圳文化发展的动力何在？

| 答 |

王京生：

在深圳特区建立 30 周年的时候，一位深圳网友自发地在网上写下了他印象最深、对他影响最大的深圳观念和口号，这段文字迅速地唤起了深圳人的集体回忆，促成了后来轰轰烈烈的"深圳观念"评选活动。通过全民的评选与专家的考察，最后选出了十大最具影响力的"深圳观念"，并结集出版了《深圳十大观念》，引发了全国性的"观念阅读潮"。观念是城市的灵魂。深圳观念具有强大的感召力。在体制突破中，它是前进的冲锋号；在建设道路上，它是特区经验的升华；在文明模式转换中，它是城市再生的灵魂。可以说，"深圳十大观念"是深圳精神与深圳文化最鲜明的符号，是一个时代的精神坐标，是深圳对改革开放做出的最大贡献。

"深圳十大观念"中有两个与文化直接关联——"让城市因热爱读书而受人尊重""实现市民文化权利"。这体现着深圳高度的文化自觉。深圳率先提出 21 世纪"拼文化"的理念，"以文化论输赢、以文明比高低、以精神定成败"成为社会共识。正是在此观念的引领下，深圳率先提出"文化立市"战略，确立"文化强市"目标，制定《关于全面提升深圳文化软实力的意见》《文化发展规划纲要》政策措施，将文化创意产业定位为重点和优先发展的战略性新兴产业，每年集中5亿元专项资金予以扶持。文化创意产业10年年均增速超过25%，2012年产值占全市GDP的9%。文艺创作精品迭出，"十五"期间获得省级以上文化奖项2467项，"十一五"期间获得国家级奖项1475项、国际级奖项516项。公共服务体系日臻完善、学术文化建设渐入佳境，3个项目获得文化部文化创新奖，4次获得"全国文化体制改革先进地区"称号。先后被国际组织评为世界"设计之都"和"杰出的发展中的知识城市"。

没有观念领先，没有高度的文化自觉，就不可能有深圳文化改革创新发展的实践，观念的力量是深圳文化发展的内在动力。

二、流动的文化让深圳更具文化自信

| 问 |

记者：

深圳的文化可以说是从无到有，起步较晚，但步子迈得很快。深圳文化建设中的大手笔即使对一些历史悠久的城市都是望尘莫及的，比如举办文博会、倡导"深圳学派"，创作儒家文化交响乐《人文颂》等。请问深圳的这种后来者居上的勇气和自信来自哪里？

| 答 |

王京生：

我们经常听到这样一些观点：某地有着悠久的历史和深厚的文化，曾经是文化的中心，因此这个地方和这个地方的人就是有文化的。反之，某地就是没有文化的，因为那里没有文化的积淀。我认为，这种观念忽略了文化的流动，文化并不是一成不变的，就像我们脚下的土地，随着时代的变化和人类社会的发展，它孕育的东西数目繁多又千姿百态。文化的流动性给予我们这样的启示：绝不能依赖于所谓历史文化的底蕴和沉淀在今天爆发出奇迹；人是文化的基本载体，只要有人的地方就有文化，流动人群是流动文化的承载者和文化奇迹的创造者。

深圳从几万人口的边陲小镇，发展成为人口超千万的经济发达的大都市。四面八方的移民为这座年轻的城市带来了丰富的、充满活力的文化因子，各种文化观念在这里交互激荡，各种文化理论在这里集成创新，多种多样的文化表现形式在这里落地生根。"凡工商业发达之地，必是文化兴盛之邦"。我们的文化自信是必然的。我们认为，对一个地区的文化开发而言，文化资源绝不仅仅是地域性的，我们要在更大空间中去理解资源及资源配置的问题。城市的文化竞争，是文化存量的竞争，但更是文化增量的竞争。深圳通过增强文化的经济推力，通过市场重新配置文化资源，通过打造文博会、文交所、国家投资等市场平台，建设全国最集中的文化创意产业园，让全国的文化资源在深圳实现价值，提升文化资源配置能力；通过提升文化创新力来做大文化增量，如"深圳观念"的价值创新、深化体制改革的制度创新、"文化＋科技"的技术创新等。

深圳的确缺少历史文化的积淀，文化发展不能靠存量，只能靠增量。这与20世纪三四十年代的上海类似。就传统文化资源而言，上海是无法与北京相比较的，但之所以出现"京派""海派"之争，这取决于上海当年的先进的现代文化生产能力创造的巨大的文化增量。深圳的文化影响并不依赖于原有的历史文化资源，是它新鲜的文化创造大放异彩。所以，我们完全可以期待一种独特的、体现时代精神的"深派"文化的出现。

三、打造创新型智慧型力量型文化

| 问 |

记者：

深圳近年来致力于打造创新型、智慧型、力量型文化，并逐渐成为城市的文化主流，为什么要选择这样的城市文化定位？

| 答 |

王京生：

目前，不少城市的文化发展战略定位在文化和经济的结合上，强调文化的商品性。我们要承认并且大力发展文化这一属性，使之最大限度地服务于广大市民的消费性需求。但过于强调文化的商品性、消费性、娱乐性，就会陷入一个非常大的困境，就会出现世俗的商业文化侵蚀一个国家和民族的文化精神结构。

在人类历史上，我们经常会看到城市娱乐文化高度繁荣的例子，这既可能是当时城市文化高度发展的反映和体现，也可能是国家或王朝即将衰亡的征兆。比如南宋时期的临安，其市民文化生活在当时世界上可能是最丰富的。但那种怡然自得的苟安心态，那种人为的懈怠所引起的文恬武嬉、不思进取，最终导致了南宋的灭亡。

当前，全球化深入发展，消费型文化野火蔓延，重建我们城市的精神文化传统，是我们当前城市文化建设的重要任务。我们正是在这样的背景下选择"创新型、智慧型、力量型"的城市文化定位。

创新型文化的实质就是价值创新，是价值取向、价值内涵、价值坐标、价值表达的改造和更换。深圳的特区定位决定了深圳常行于无路，呼于未言，不创新就无路可走，不创新就无以召唤，就无法前进。深圳的价值和生命就是改革创新，改革创新是深圳的根、深圳的魂。智慧型文化，更多偏重于民族文化结构中理性的部分，它主导着文化发展的方向。我们提出建设以"全球视野、民族立场、时代精神、深圳表达"为宗旨的"深圳学派"，建设"两城一都"，举办"读书月""市民文化大讲堂"，都是为了让"智慧"在城市中流淌。力量型文化，指的是一个民族文化结构崇尚正义、向上向善的价值品性，强调文化发展应具有自强不息的血性和进取性。只有融合了这种文化价值，才是真正健全的和具有比拼力的文化。我们倡导创新型、智慧型、力量型城市主流文化，是在路径上、内涵上寻找一种有强大生命力和远大前途的新文化。

四、致力于"文化强国"的城市实践

记者:

深圳文化已经取得了巨大的成功。在当前中国"文化强国"或中华文化复兴的历史进程中,深圳为此如何做出新的贡献?

王京生:

在当今的"文化战略时代",很多国家和城市越来越重视文化发展,纷纷制定文化发展战略,甚至把文化发展战略作为社会整体发展战略的核心。文化战略要解决的是文化发展的根本问题,是文化选择、文化道路、文化归宿问题。文化选择如同政治选择、经济选择一样，会对国家和民族的前途命运产生重大影响，关联着"中国梦"的实现。

我们文化发展的"道路""目标"已经明确，那就是坚持中国特色社会主义文化发展道路，努力建设社会主义文化强国。但这并不摒弃"文化选择"的价值和意义。"文化选择"会伴随道路开辟的全过程，道路开辟的过程就是"文化选择"问题不断解决的过程。如倡导全民学习的"读书月"，崇尚无私大爱的"关爱行动"，提升市民文化鉴赏品位的"市民文化大讲堂"，鼓励创新创意的"创意十二月"，都体现了深圳在文化上的道路和目标选择。

深圳文化一直致力于"文化选择"的前沿探索和"文化强国"的城市实践，承接着中华民族文化选择的探索，不断开拓文化强国战略的城市实践途径，引领我国文化道路在未来探索中的新动向。

"文化选择"探索和"文化强国"建设的基本依托主要包括两个部分：一是社会大众，是全体公民；二是国家意志，是民族文化力量。对于前者，就是要保障和发展公民文化权利；对于后者，就是要维护和发展国家文化主权。两者相辅相成，缺一不可。

"文化强国"的建设过程必然是全体公民的文化权利得到彰显、维护和发展，必然是国家文化主权的弘扬。我们在实施"文化立市"的战略中，率先采用公益性文化场馆全面免费开放、高雅艺术票价补贴、培育公共文化服务品牌等一系列务实有效的措施，每年开展的送戏、送电影、送书、展览、讲座等文化活动近2000场，各类广场文化活动1万余场次，受益观众超过600万人次。逐步构建优质便民的公共文化服务体系，探索出一条保障人民群众文化权利、人民群众共享文化发展成果的新路子。作为我国对外开放的前沿阵地，我们在创造开放型、外向型经济奇迹的同时，也实现了文化贸易的扬帆远航。2012年，深圳核心文化产品出口达43.3亿美元，占全国的1/6，成为我国文化贸易的黄金口岸和推动中华文化走出去的"桥头堡"。我们通过创作儒家文化交响乐《人文颂》告诉世界"我们是谁""真正的中国人和中国文化是什么样"，促进人类不同文化的理解与合作，在最高价值层次上实现彼此融合，在世界文明的舞台上唱响华夏正声。

　　深圳文化的实践探索是"国家立场"的"深圳表达"，它的意义和价值就在于为"文化强国"和中华文化复兴创新探路。我们将努力让深圳成为一个富有独特

个性和世界影响力的文化城市，为中华民族的伟大复兴
做出自己的贡献。

图书在版编目(CIP)数据

文化+：文化产业发展的战略选择 / 王京生著. —深圳：
海天出版社, 2017.1
（中国（深圳）文化产业管理系列丛书）
ISBN 978-7-5507-1560-8

Ⅰ.①文… Ⅱ.①王… Ⅲ.①文化产业—产业发展—
发展战略—研究—深圳市 Ⅳ.①G127.653

中国版本图书馆CIP数据核字(2016)第027305号

文化+：文化产业发展的战略选择
WENHUA+: WENHUACHANYE FAZHAN DE ZHANLUE XUANZE

出 品 人　聂雄前
责任编辑　王　民
　　　　　蒋鸿雁
责任技编　梁立新
责任校对　方　琅
书籍设计　韩湛宁

出版发行　海天出版社
地　　址　深圳市彩田南路海天综合大厦（518033）
网　　址　www.htph.com.cn
订购电话　0755-83460239（批发）　83460397（邮购）
排版制作　深圳市思成致远创意文化有限公司　Tel: 0755-82537697
印　　刷　深圳市国际彩印有限公司
开　　本　889mm×1194mm　1/32
印　　张　8.5
字　　数　150千
版　　次　2017年1月第1版
印　　次　2017年1月第1次
定　　价　36.00元